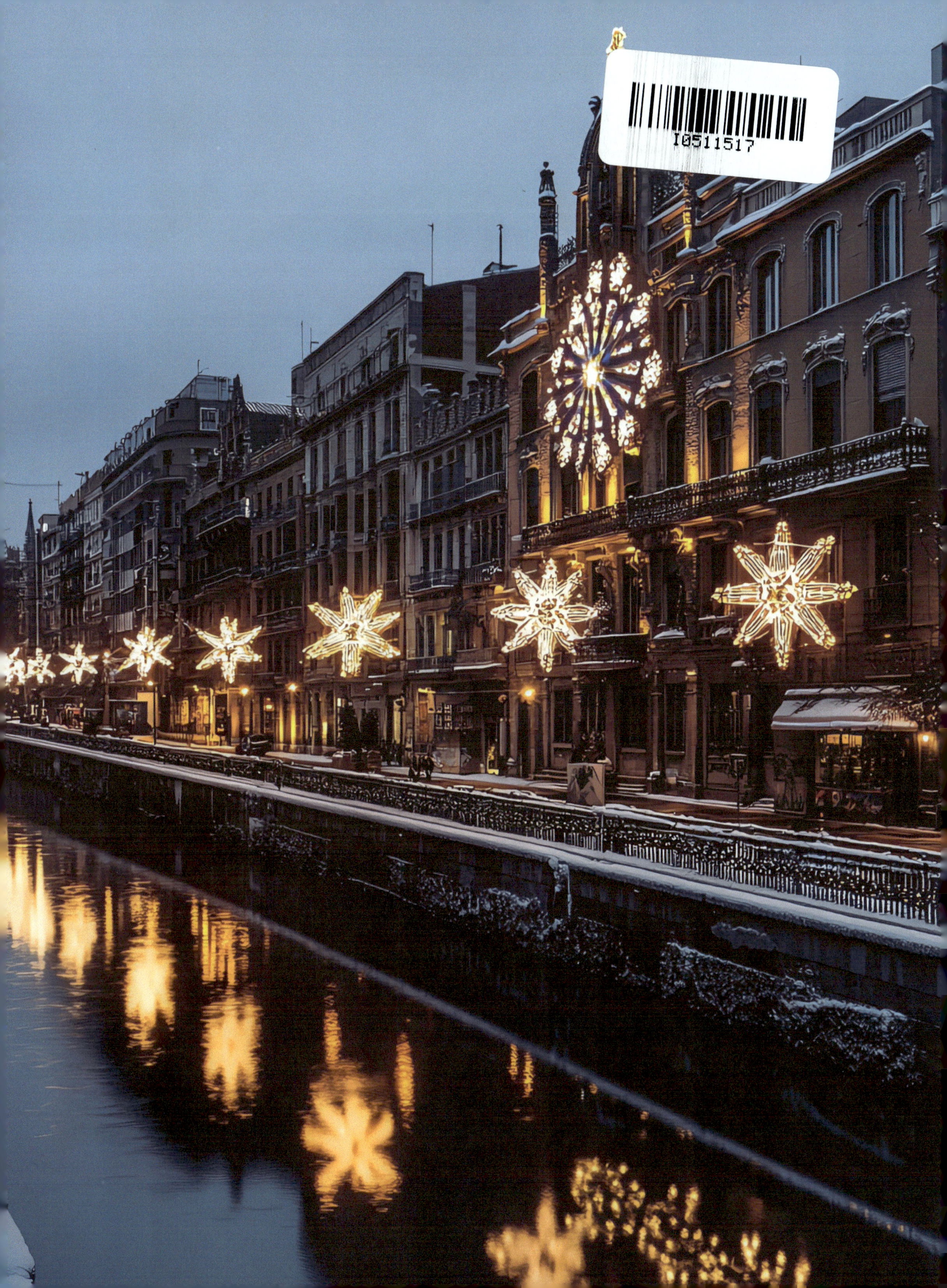

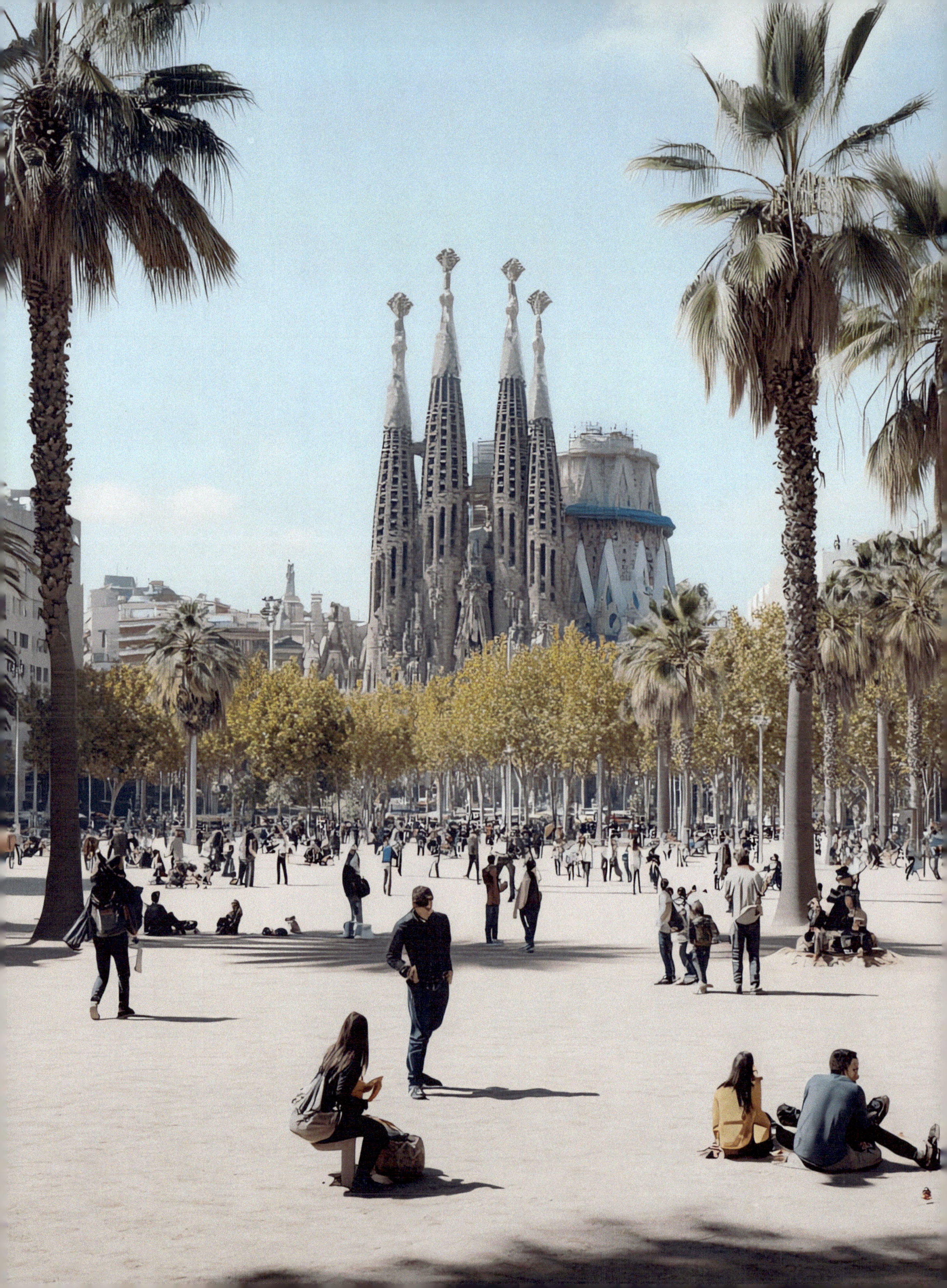

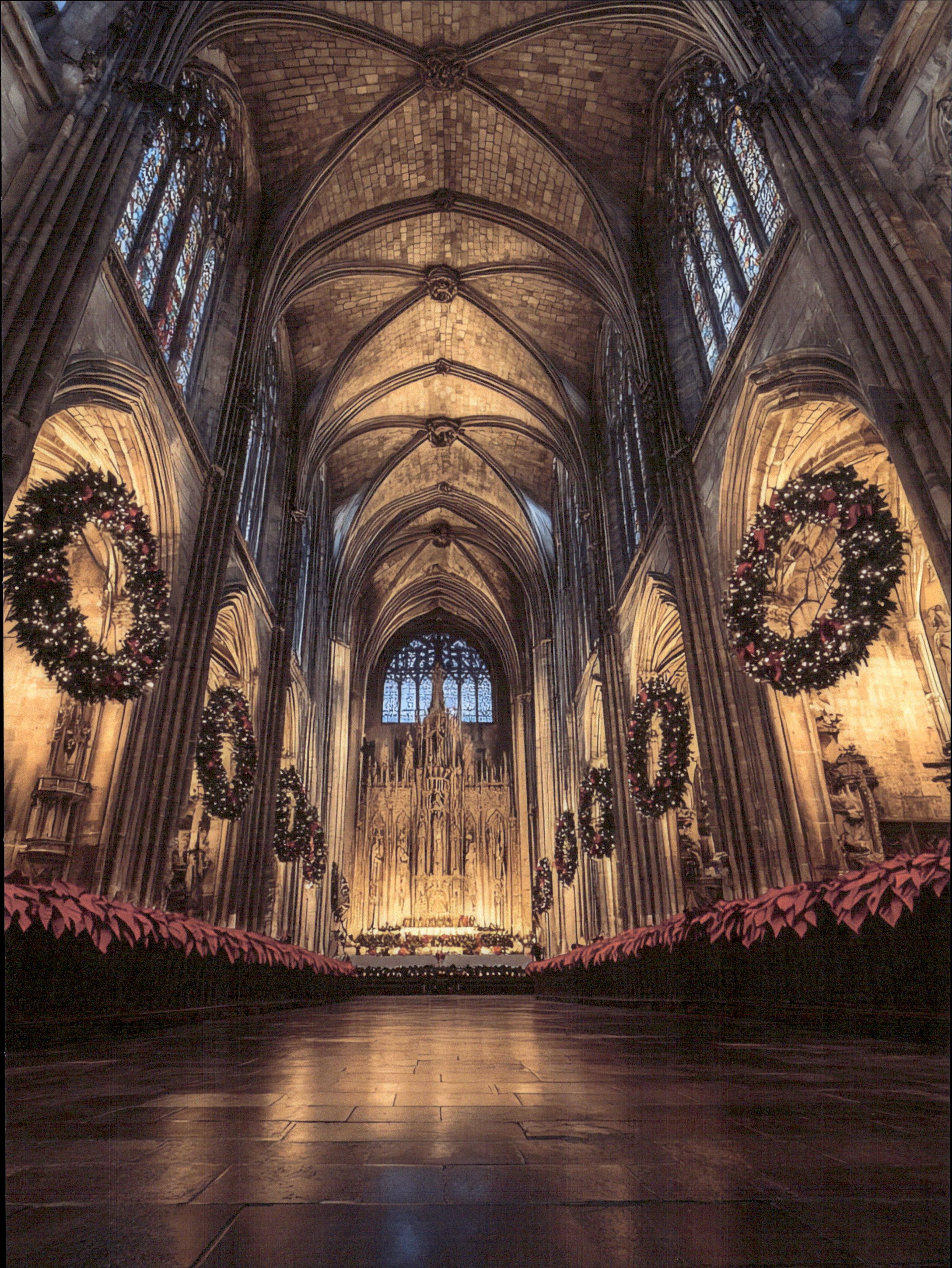

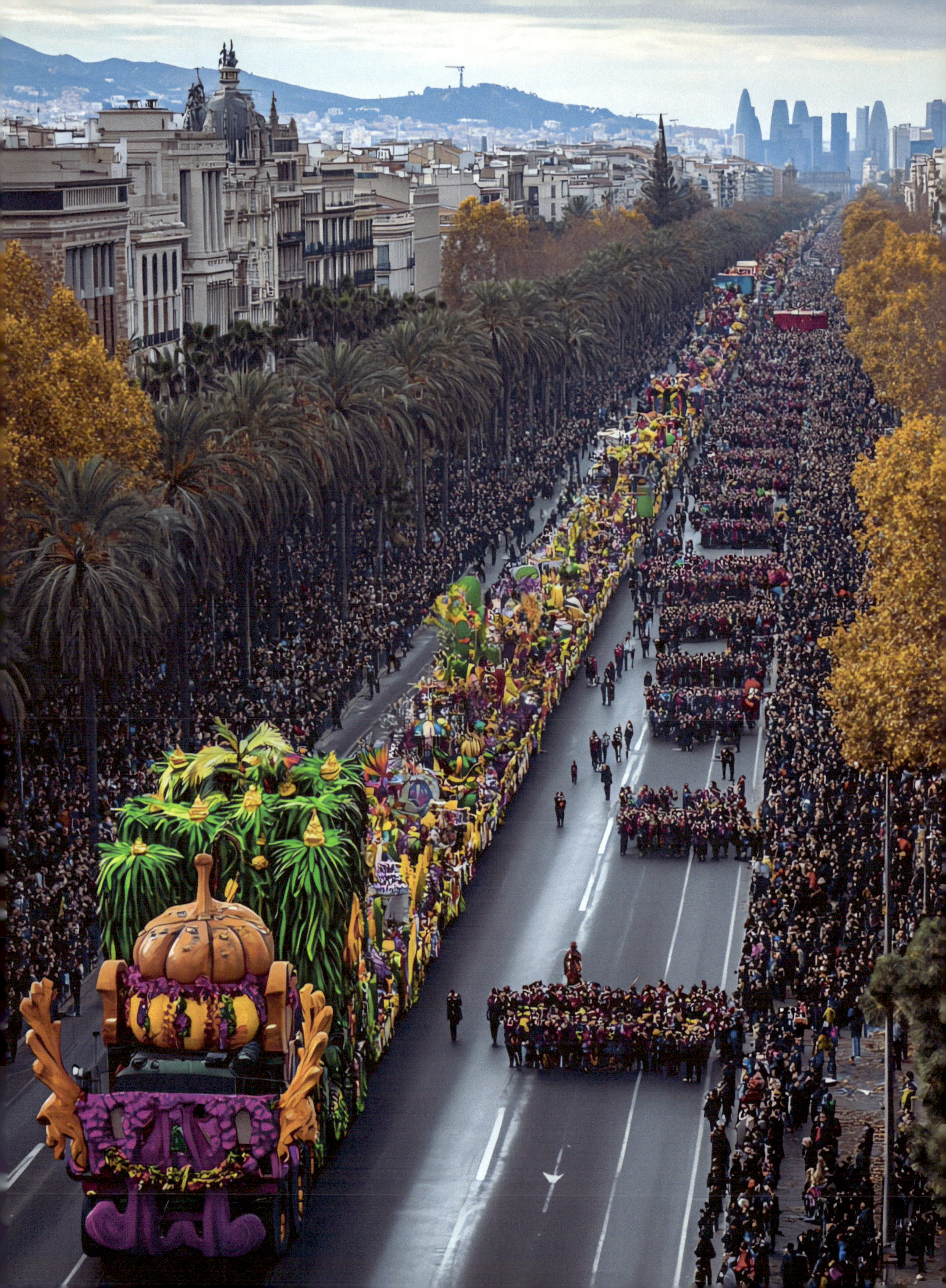

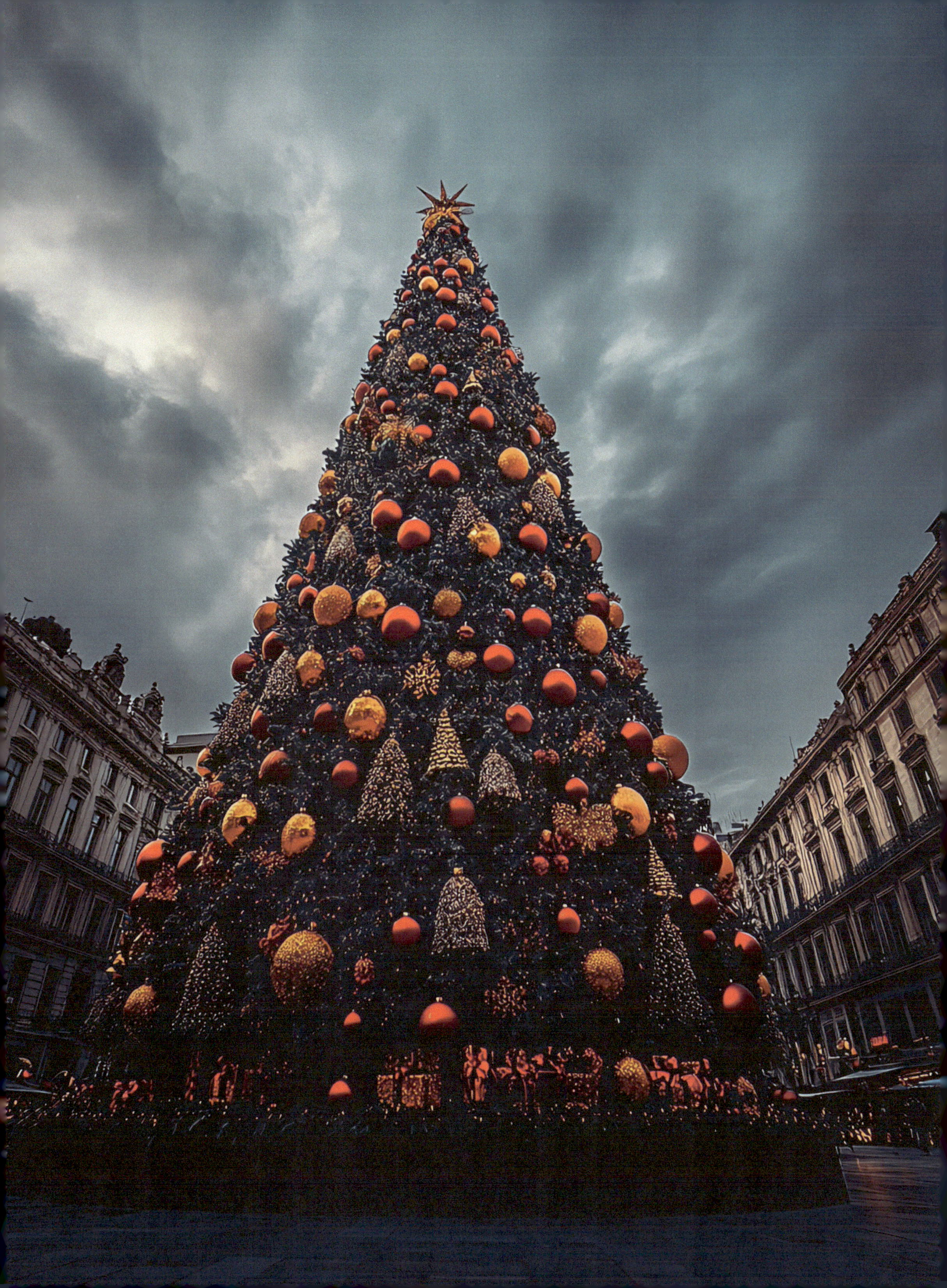

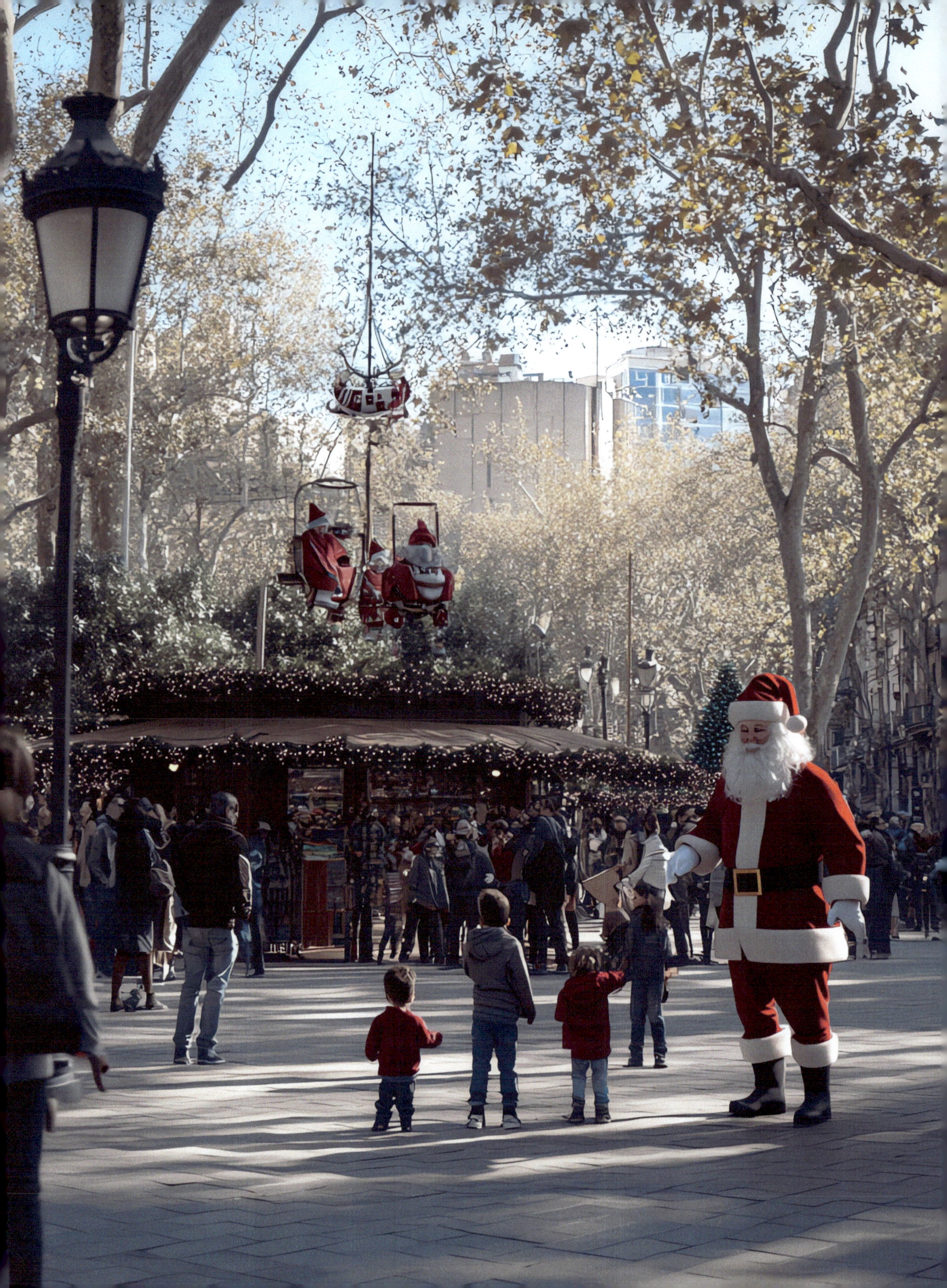

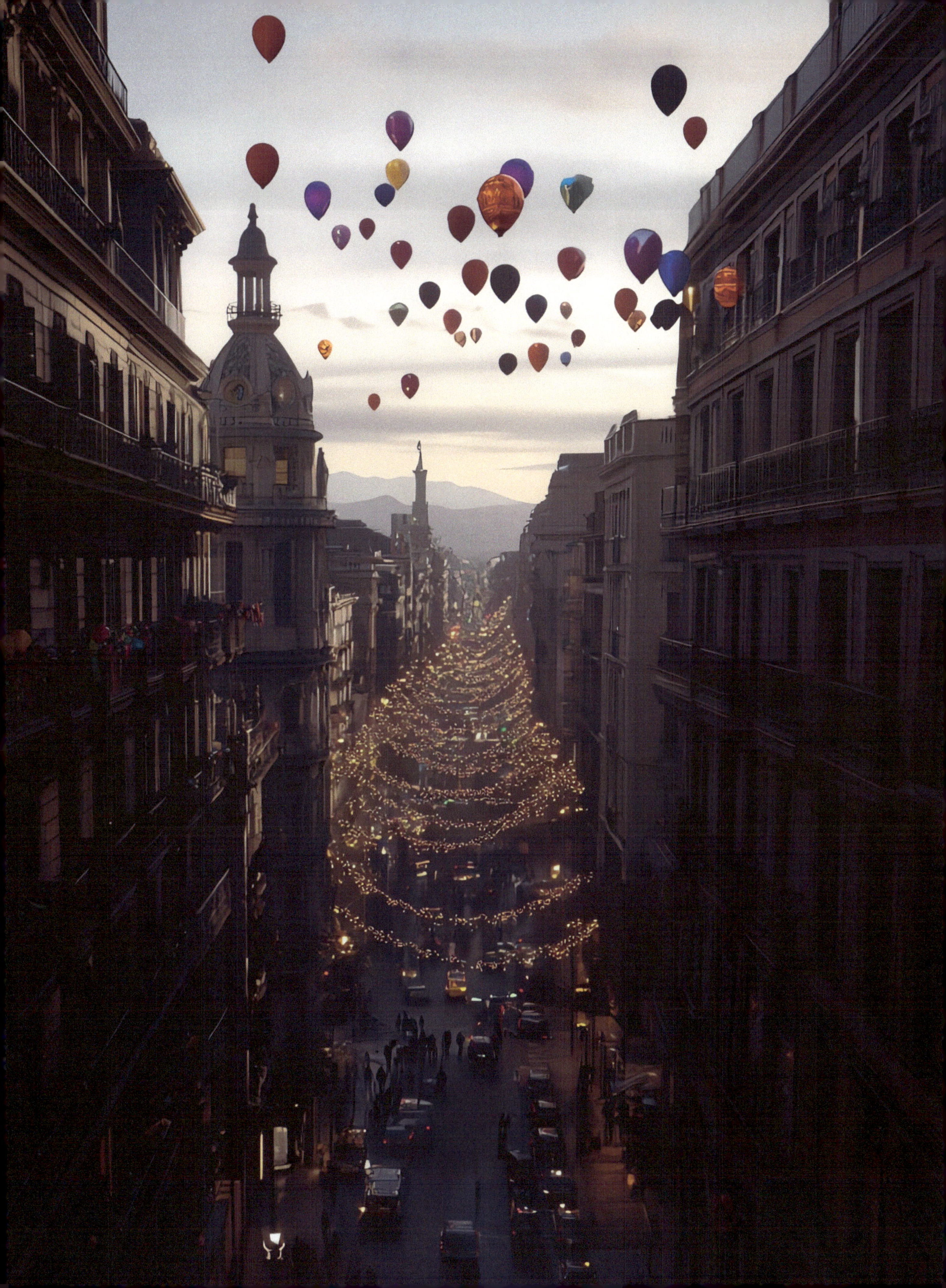

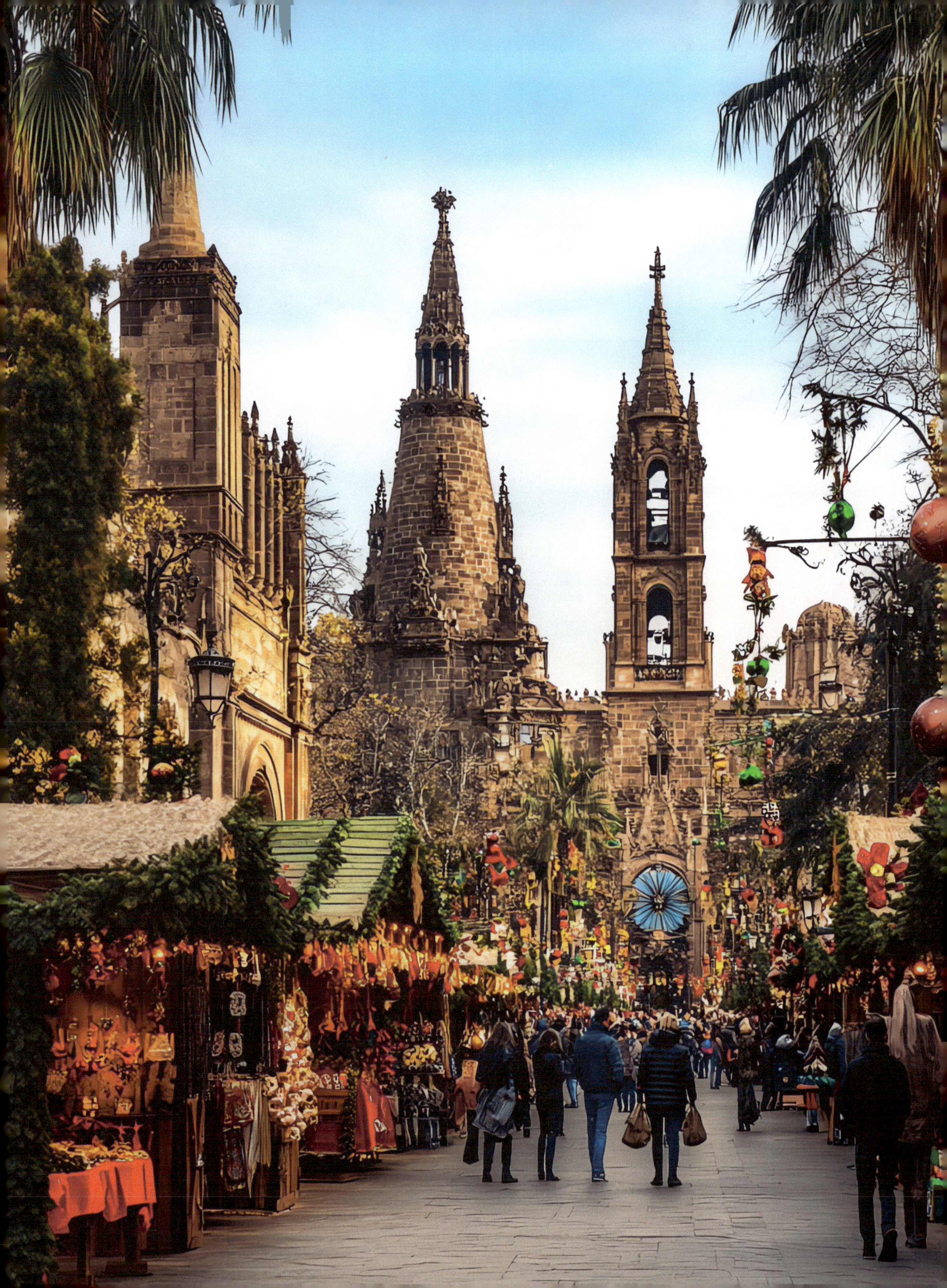

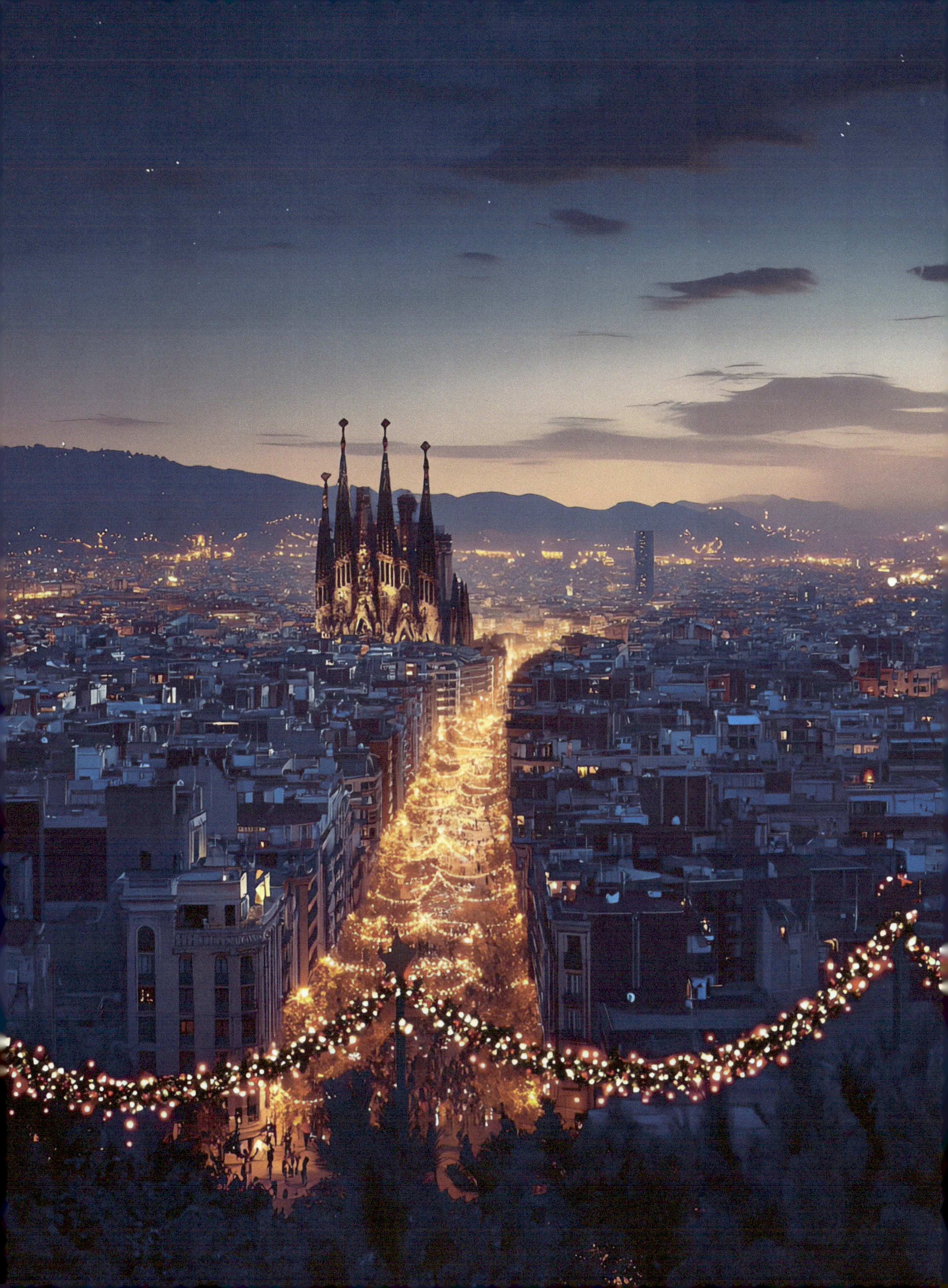

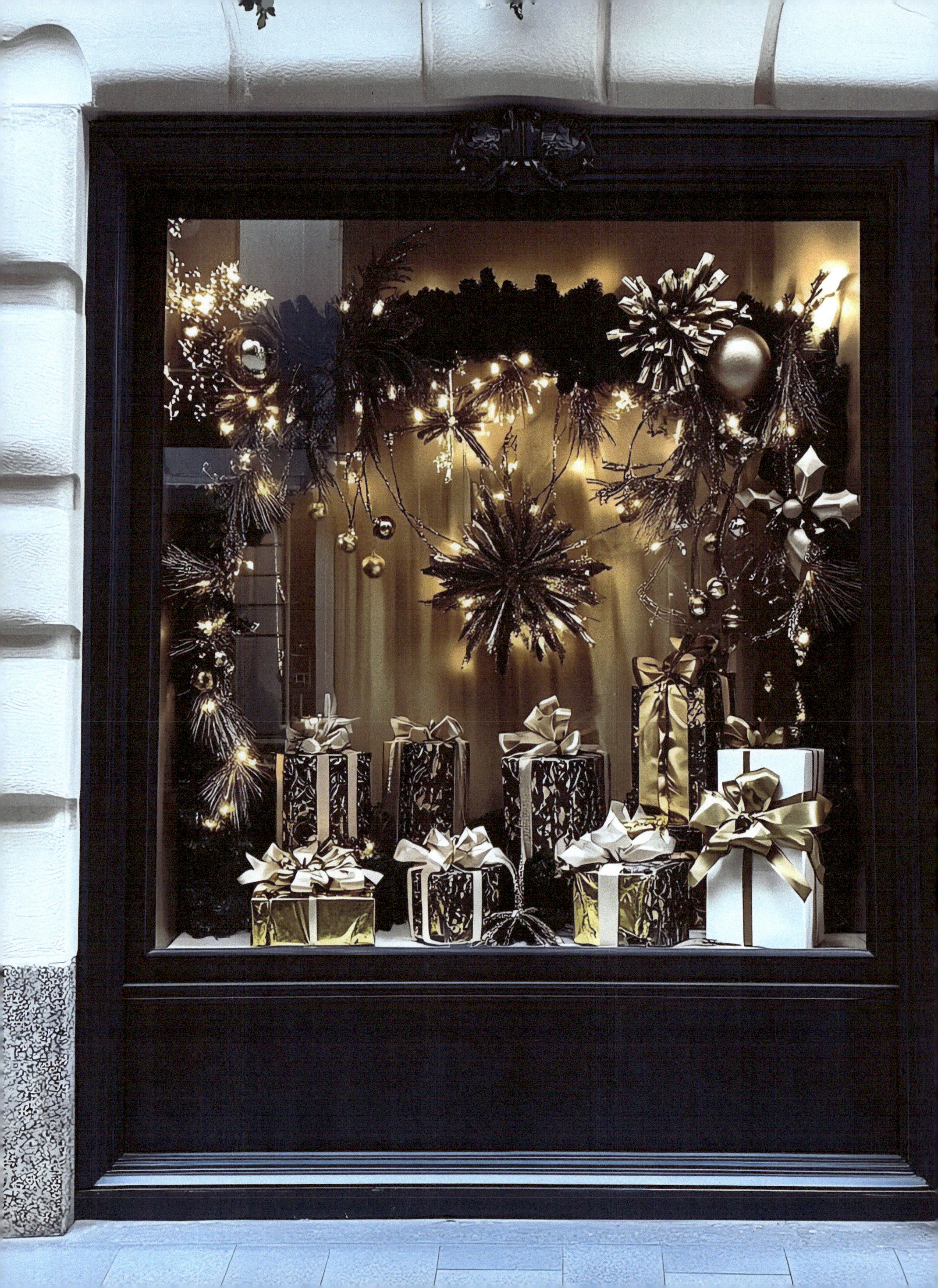

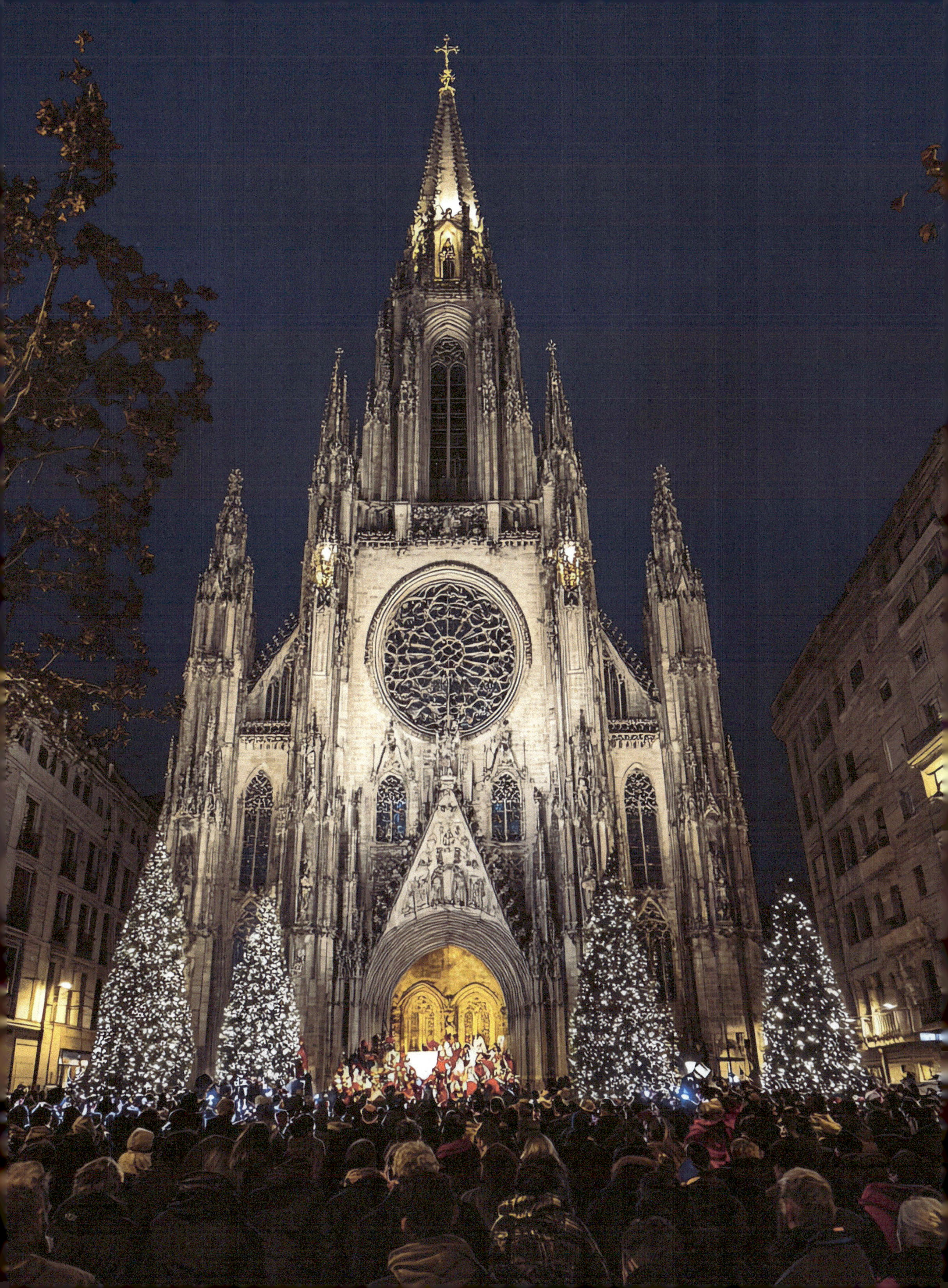

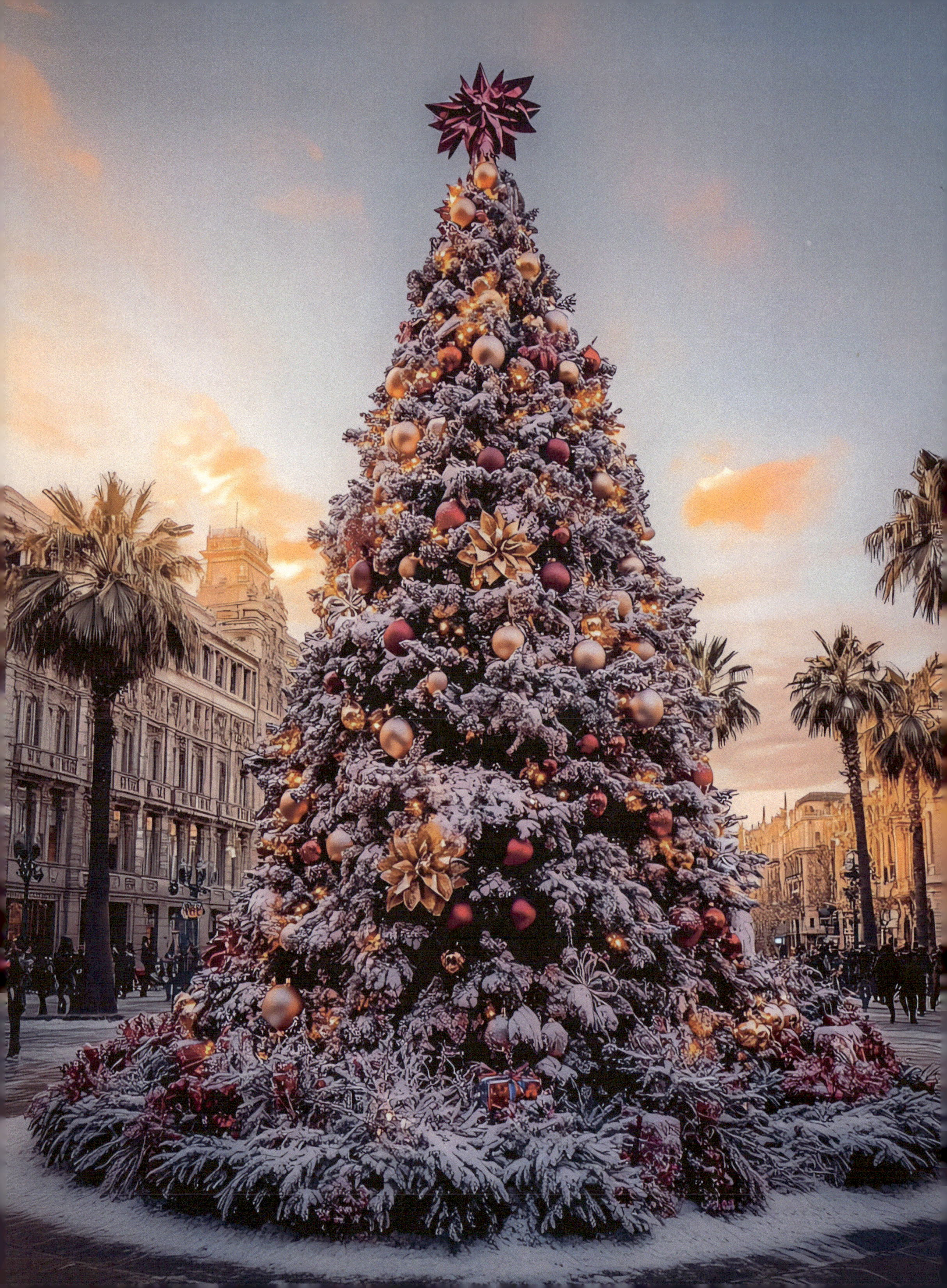

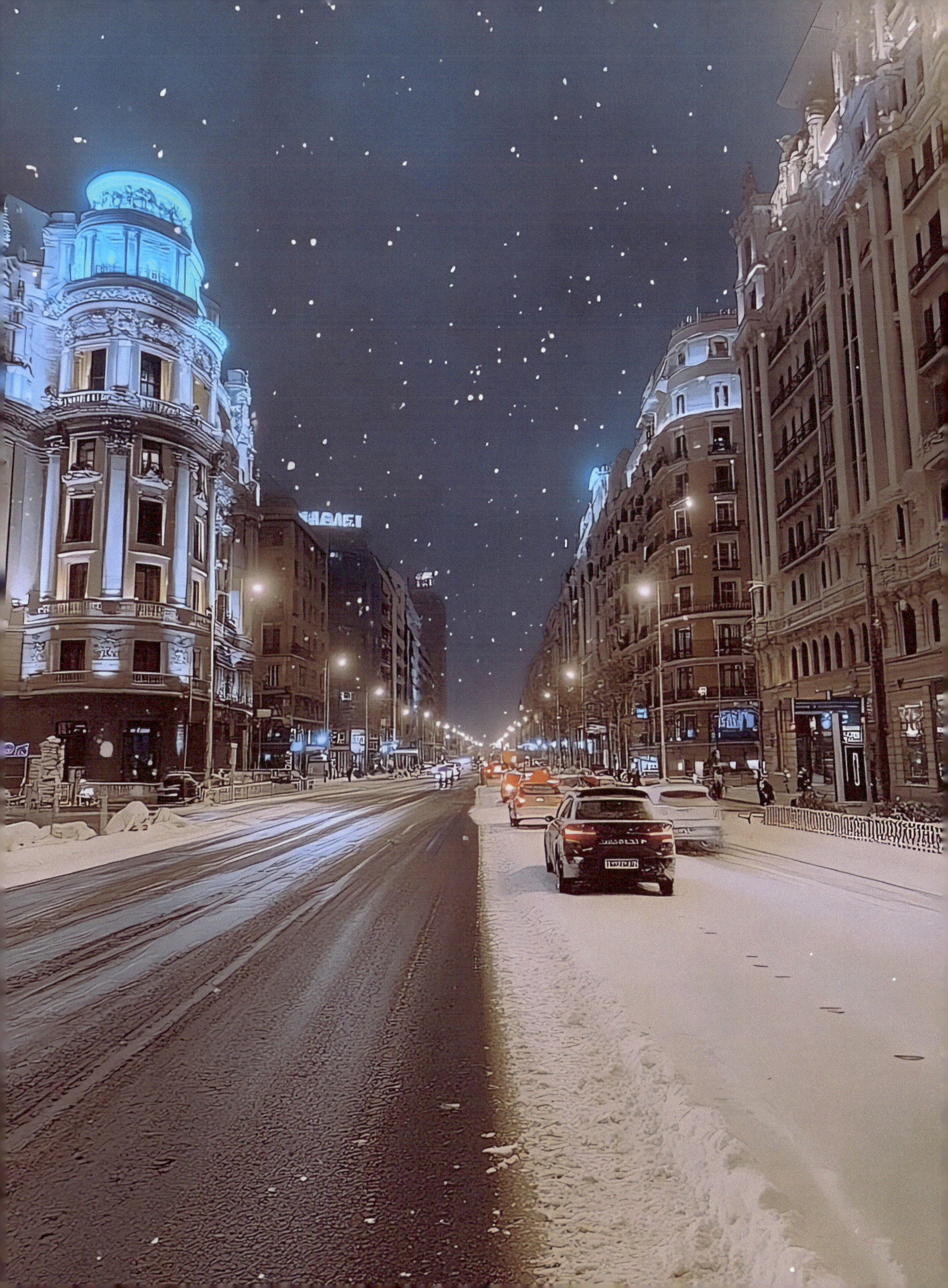

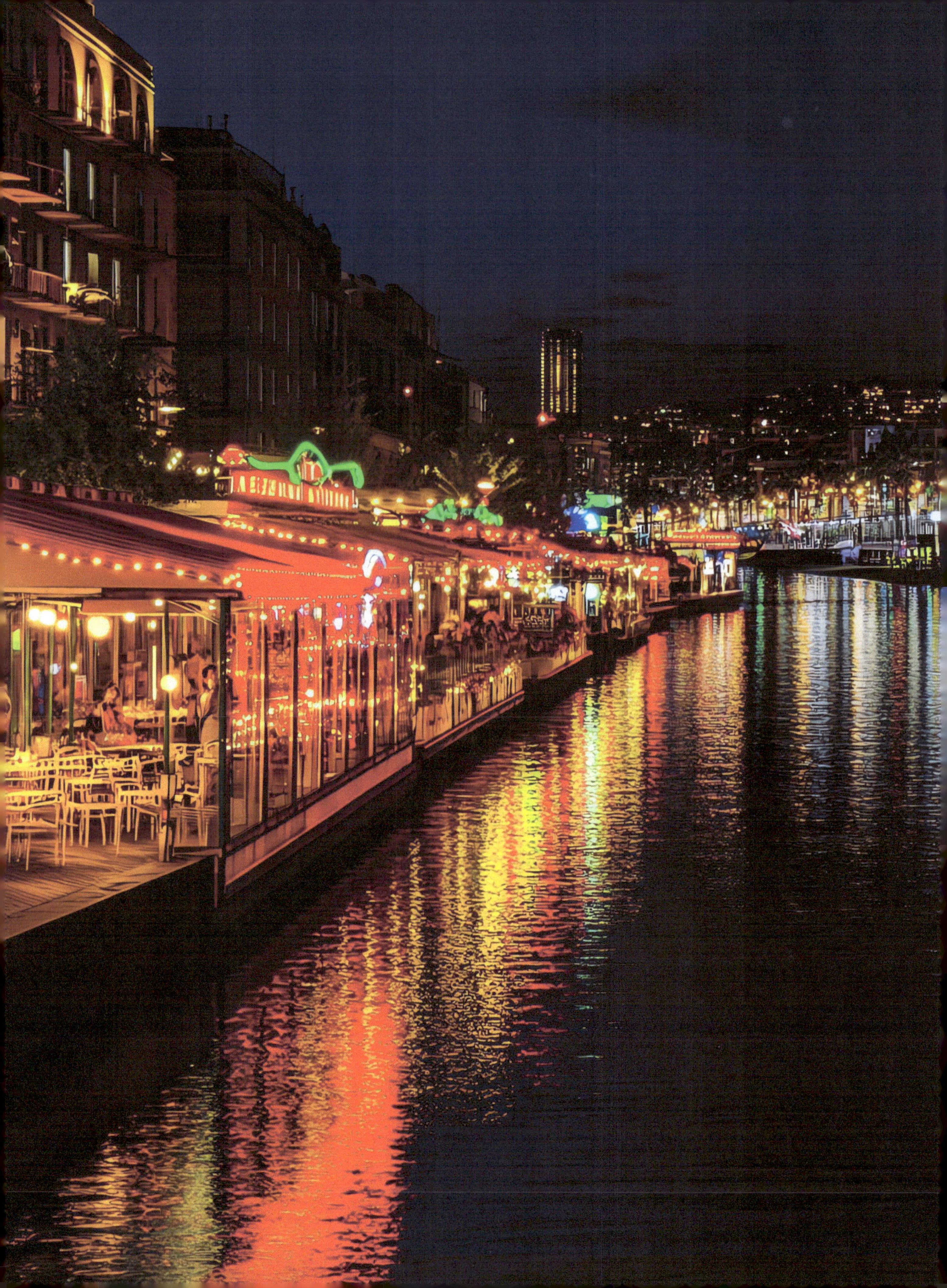

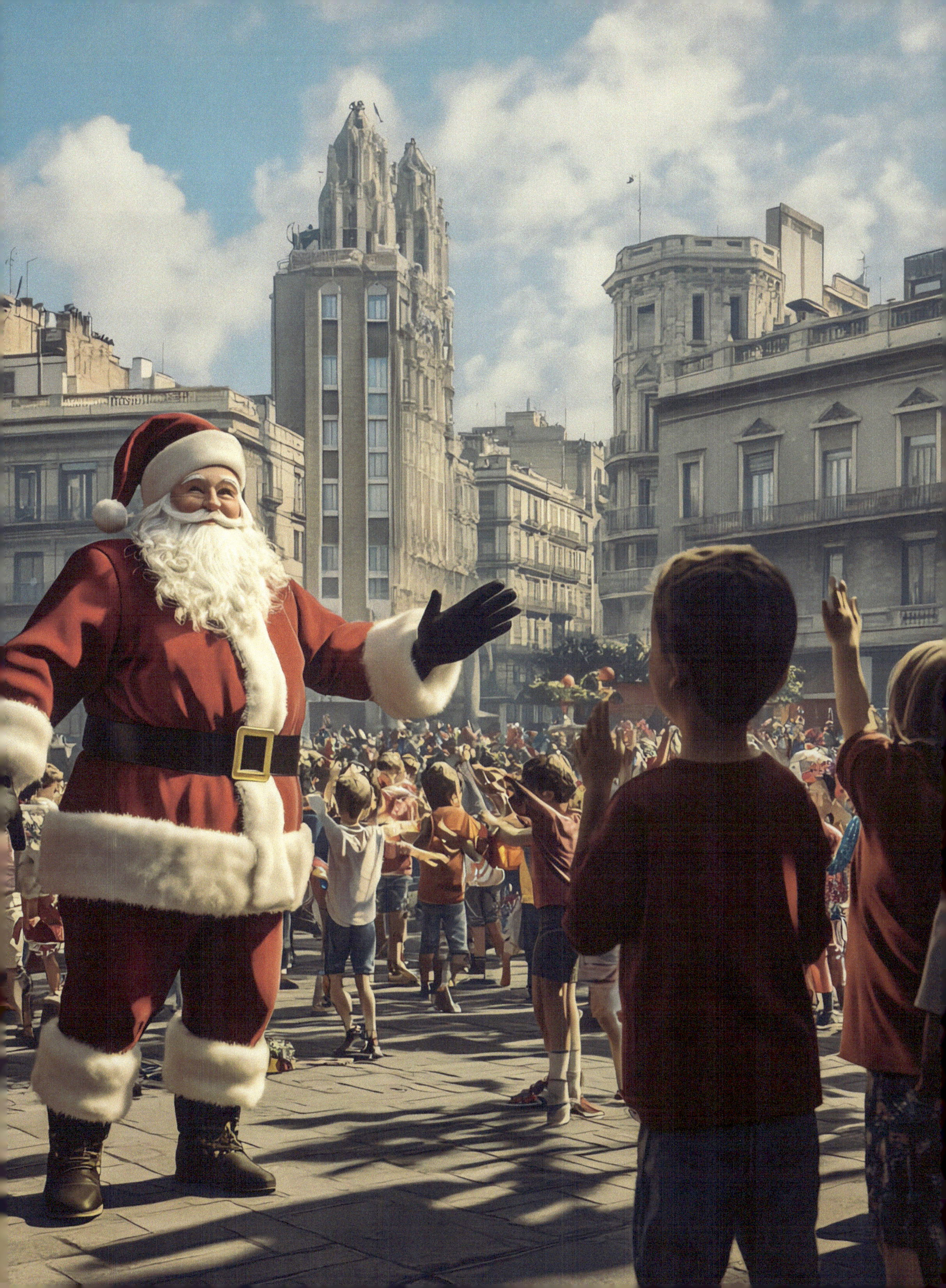

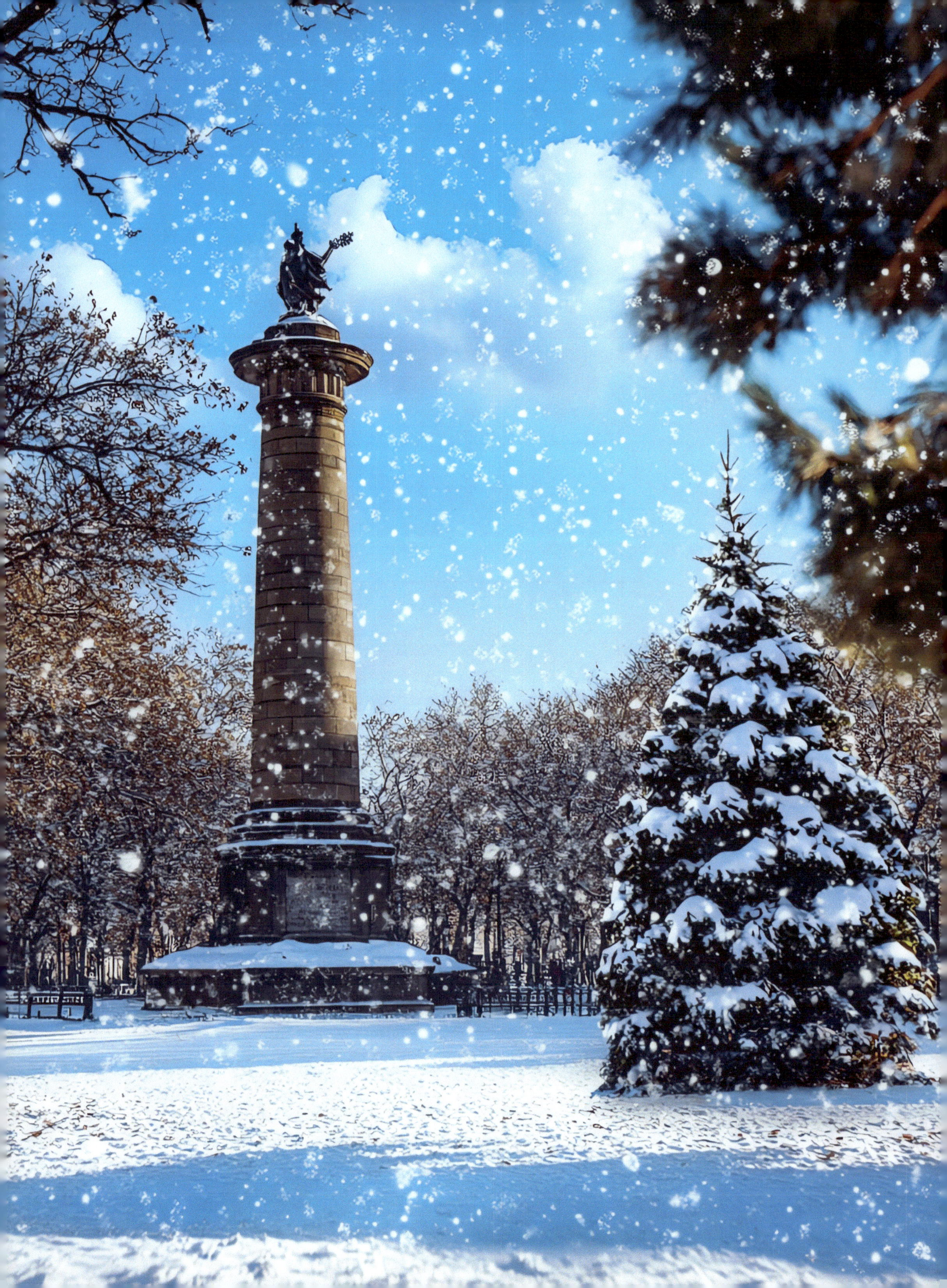

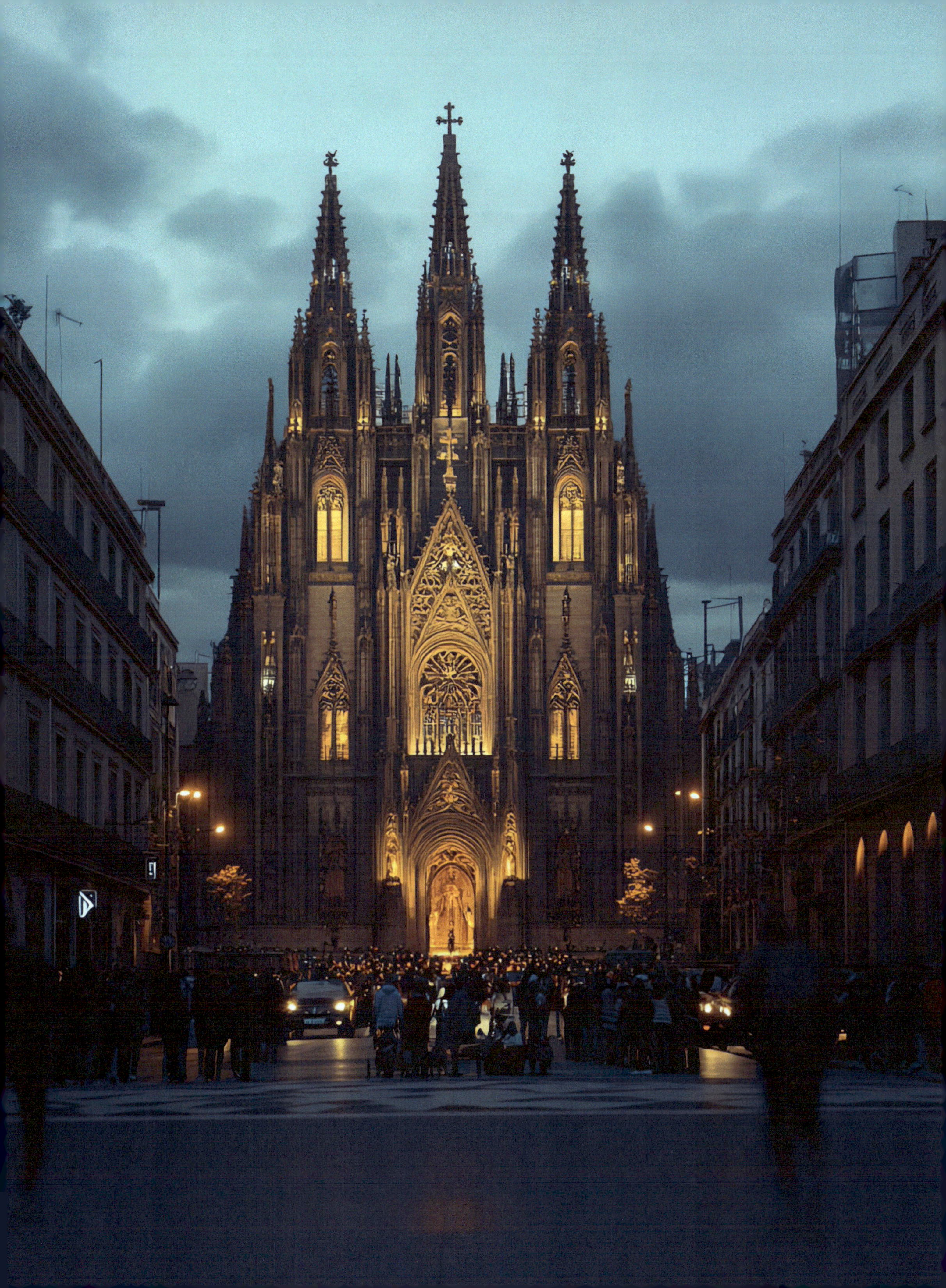

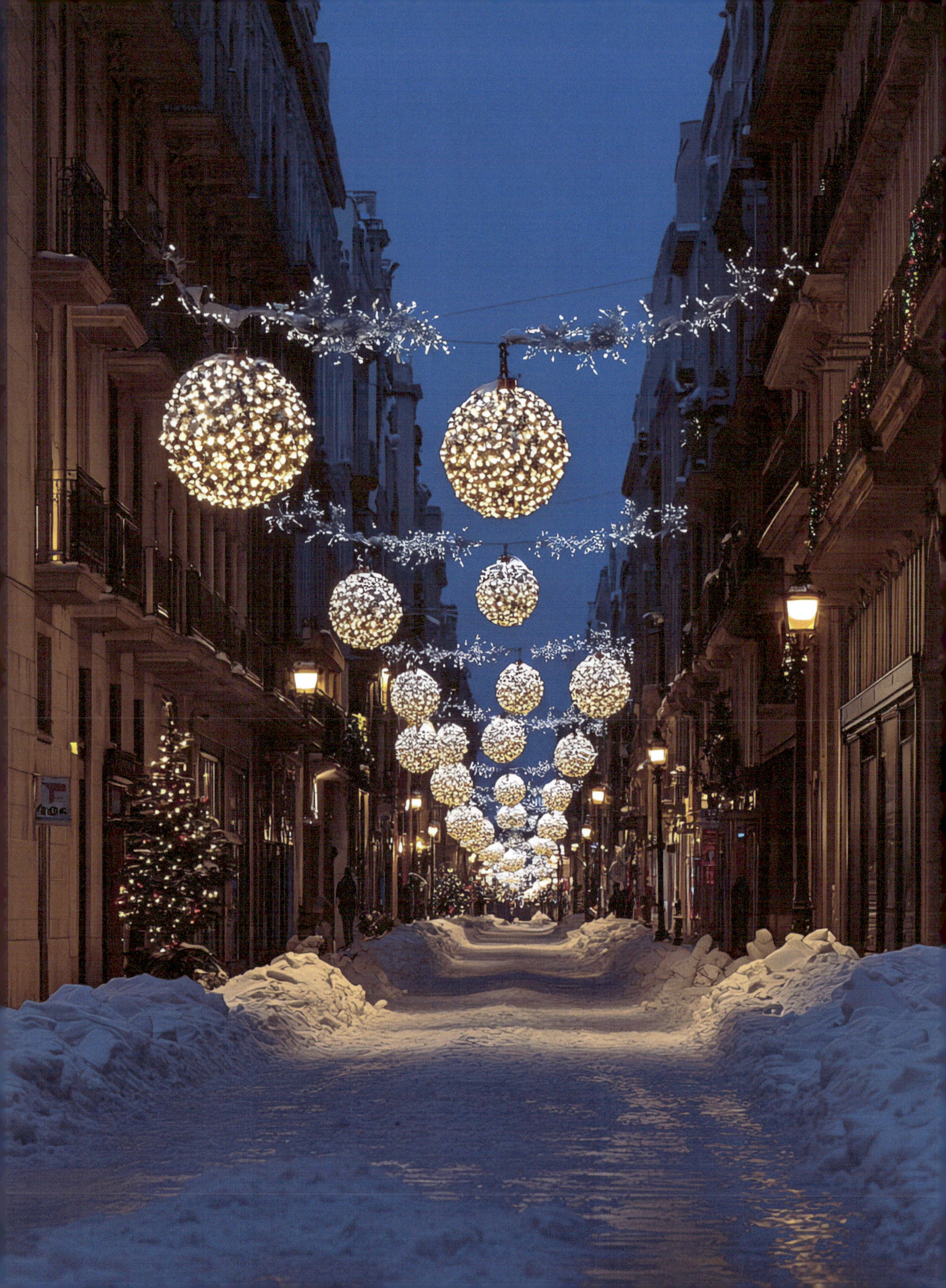

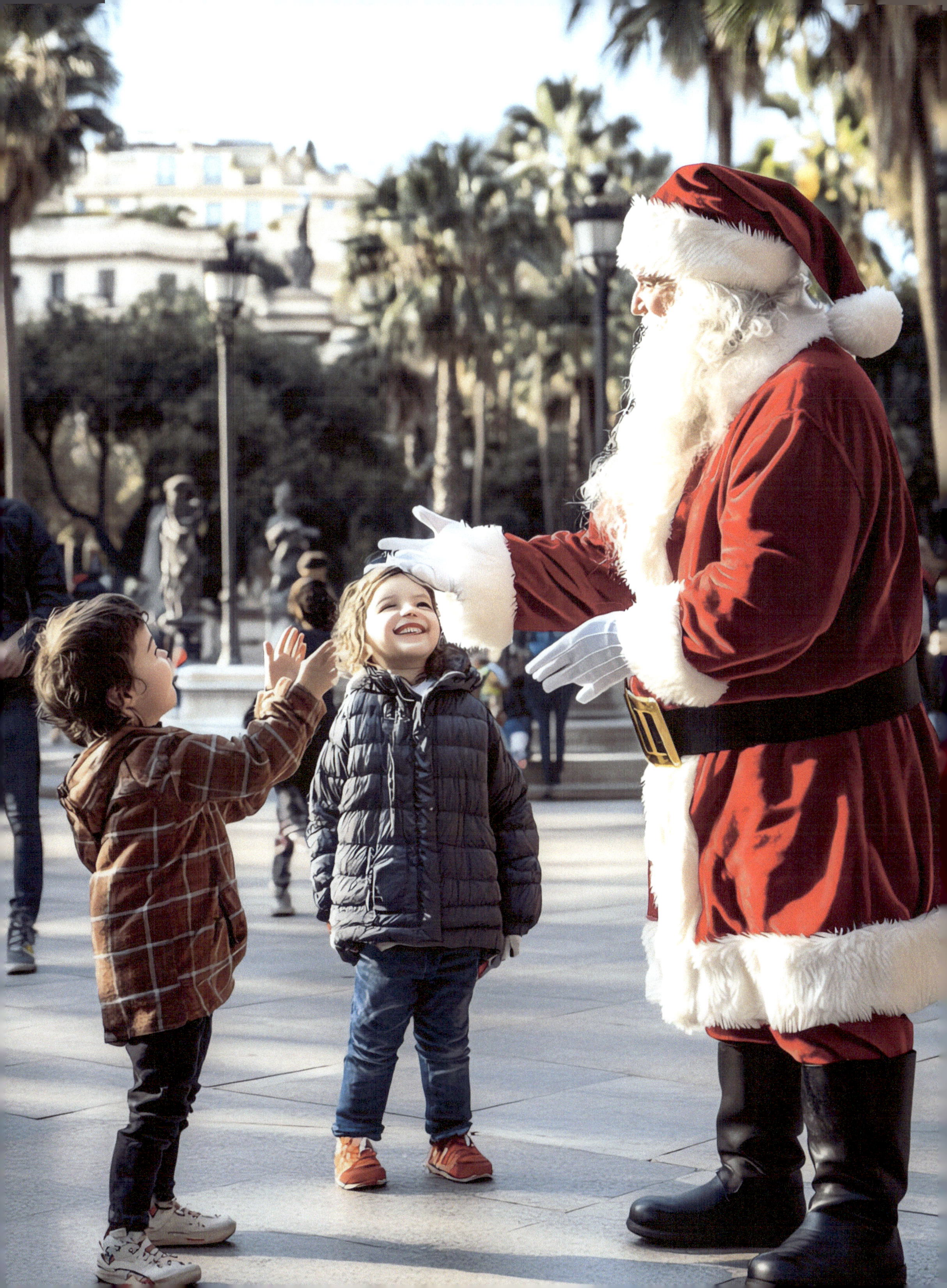

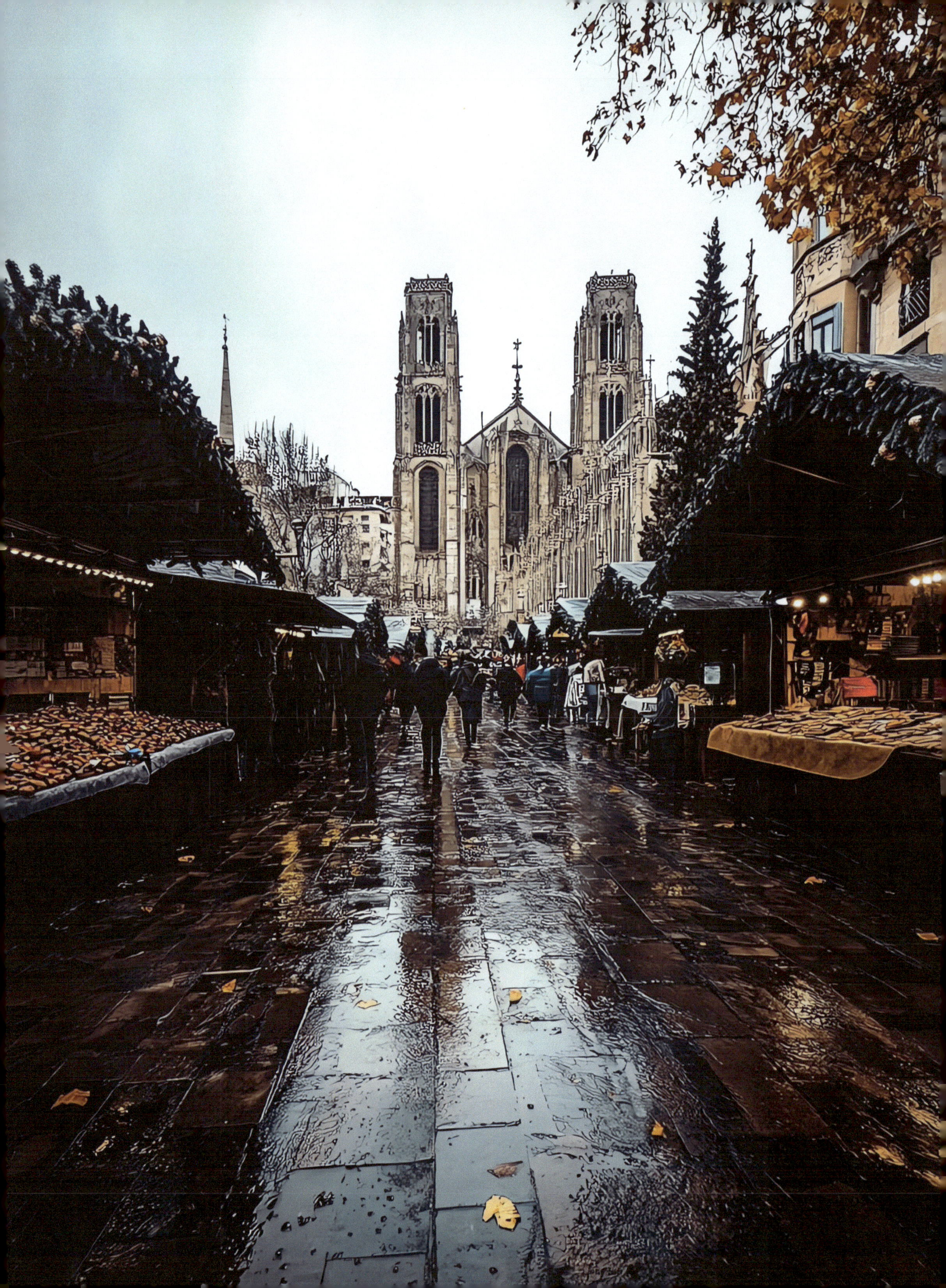

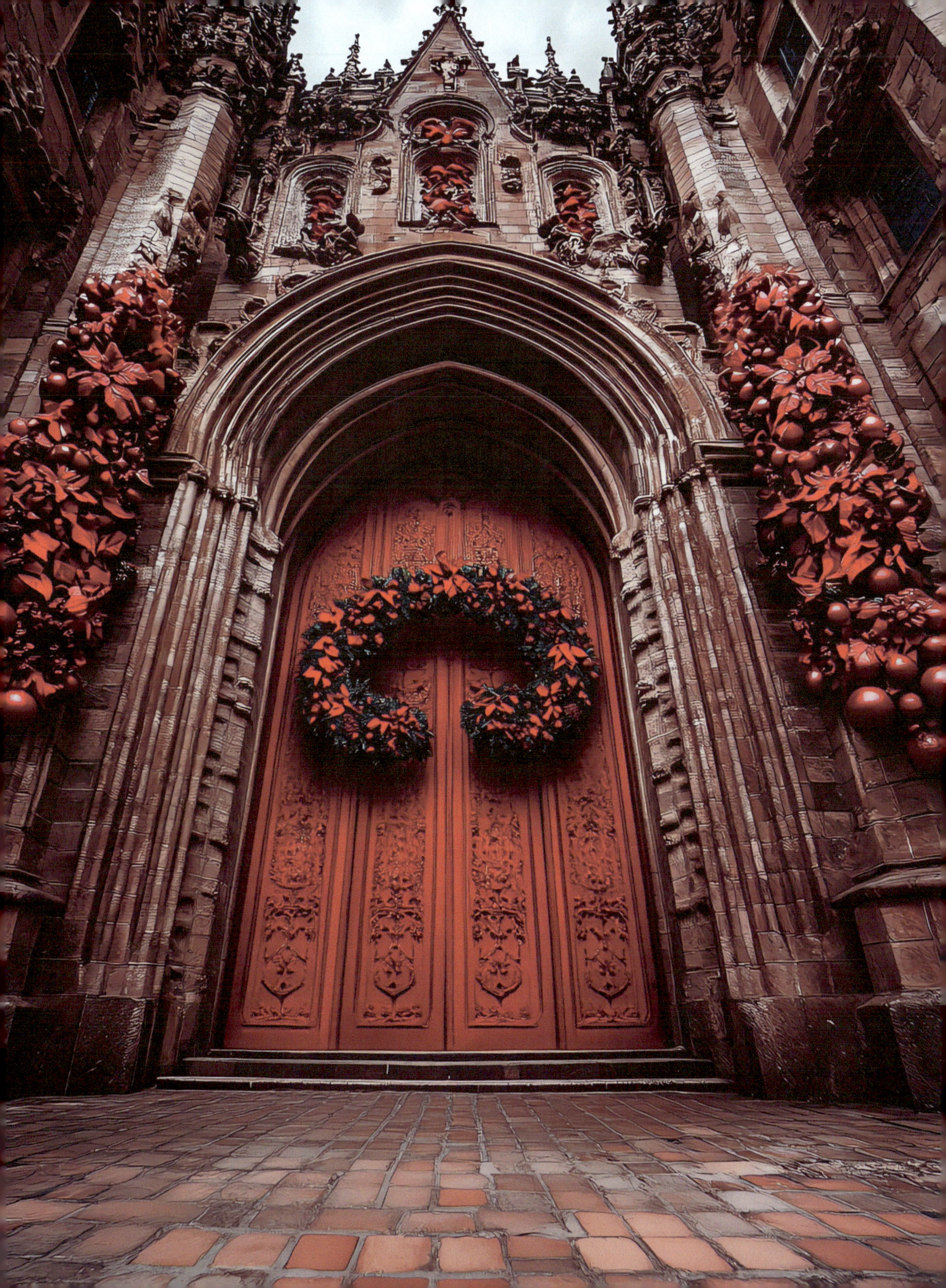

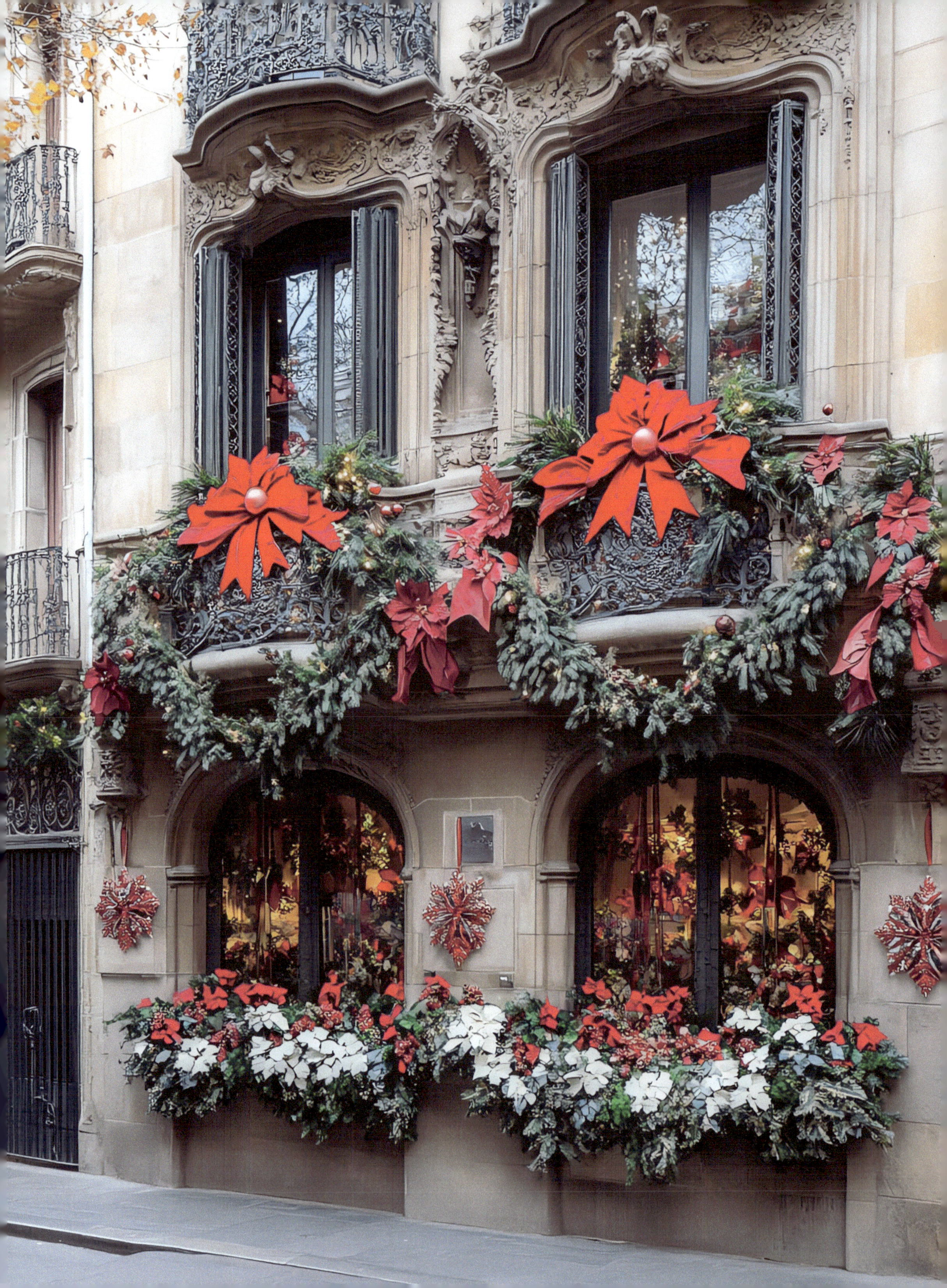

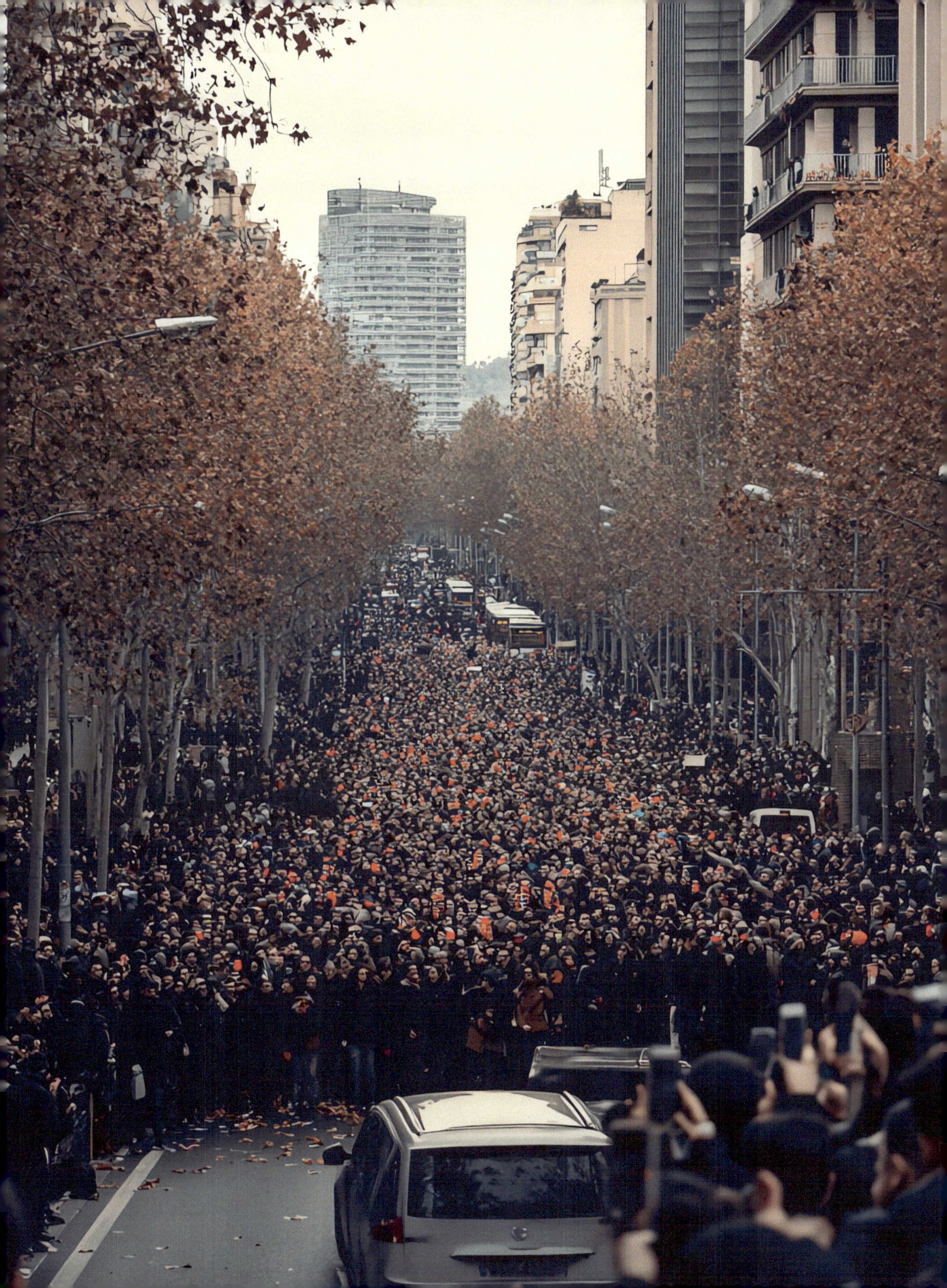

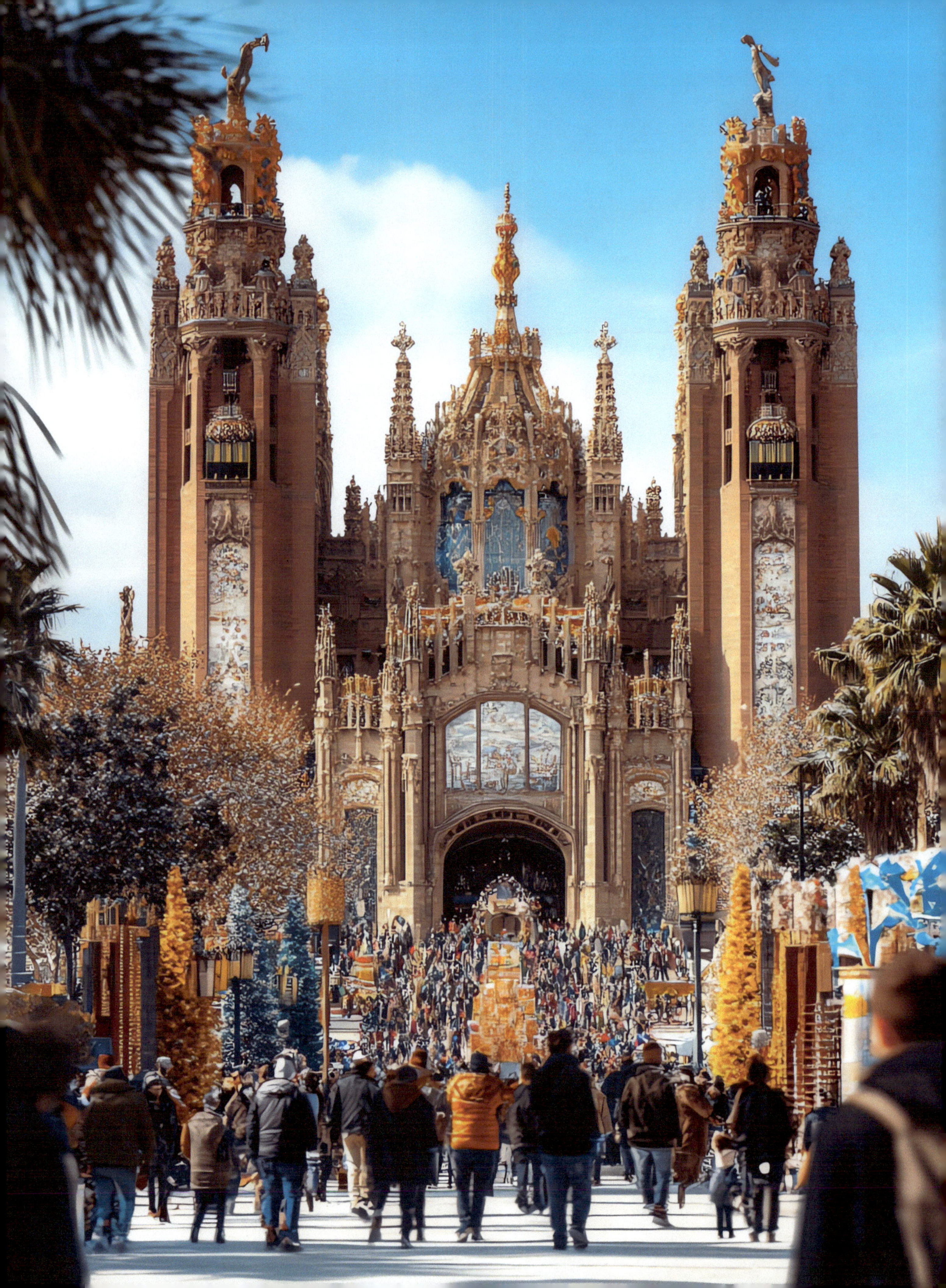

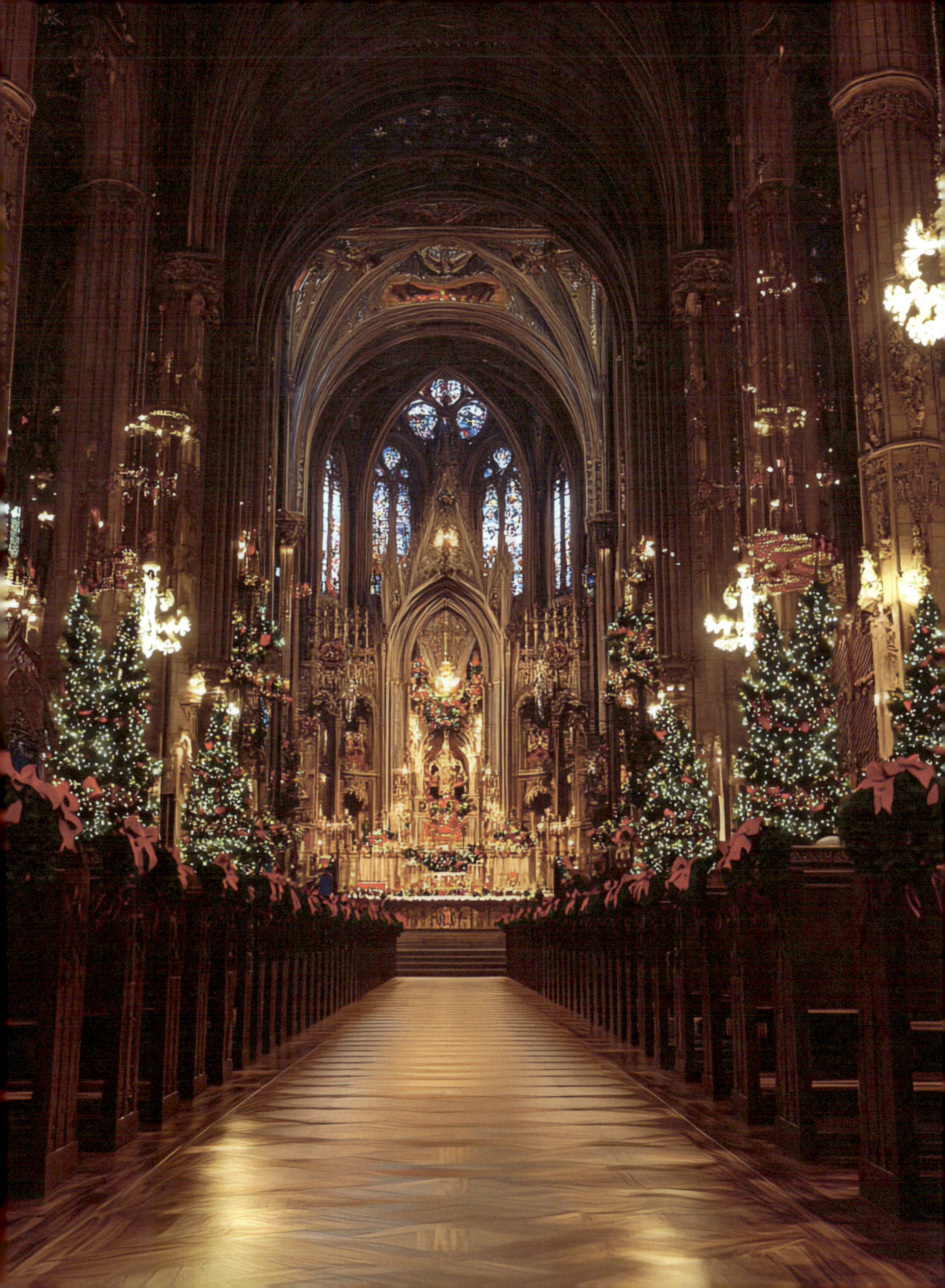

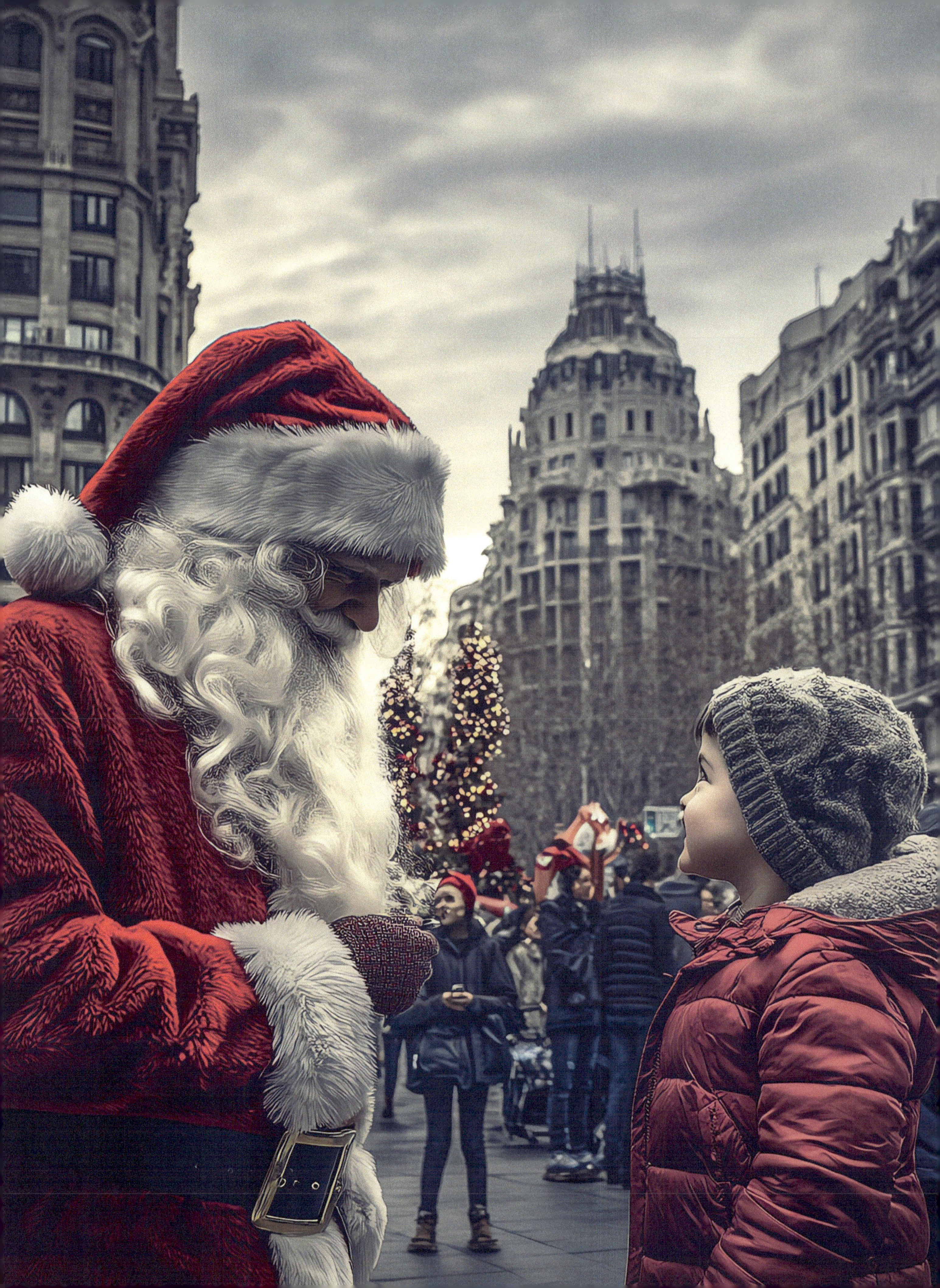

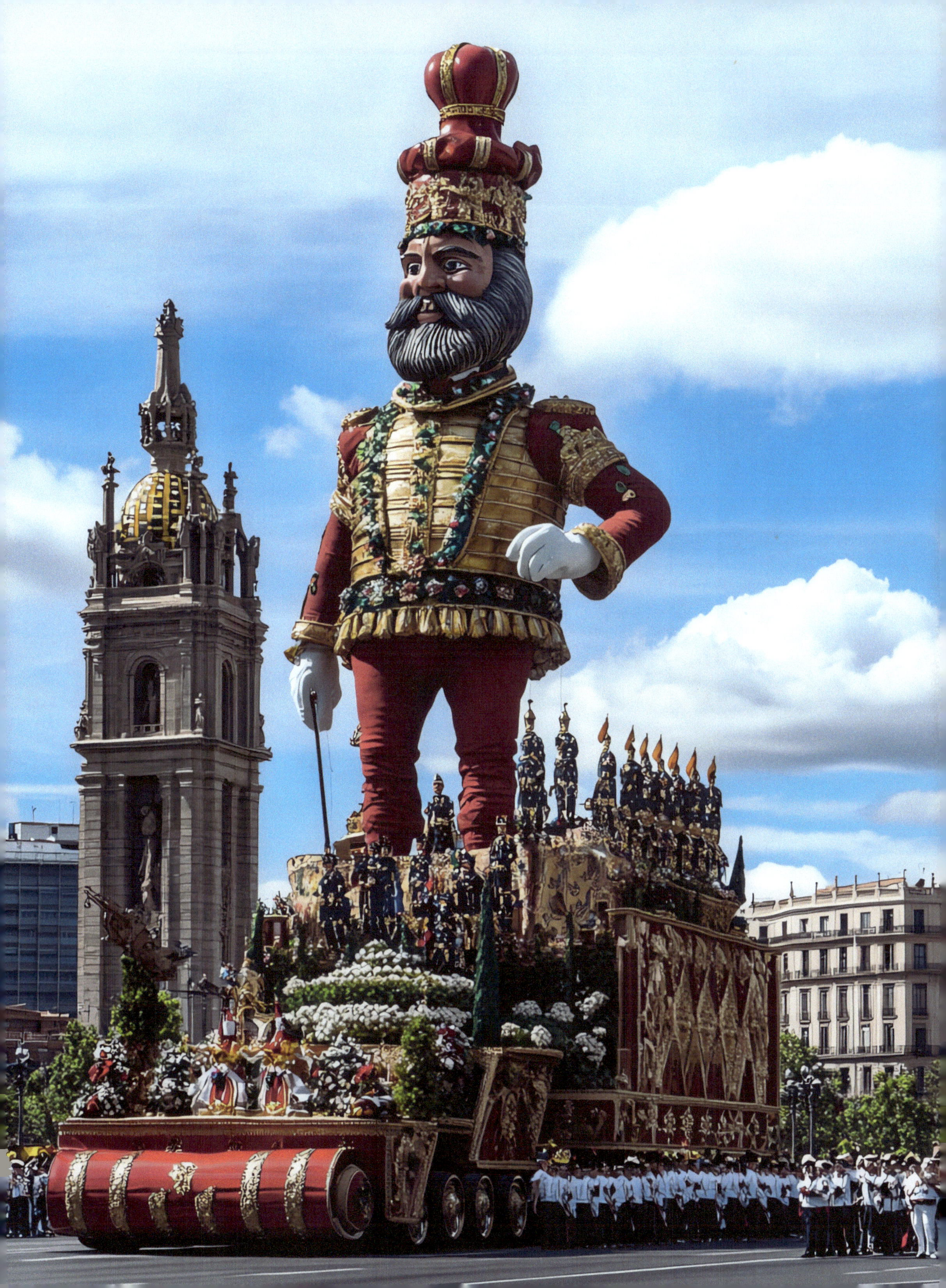

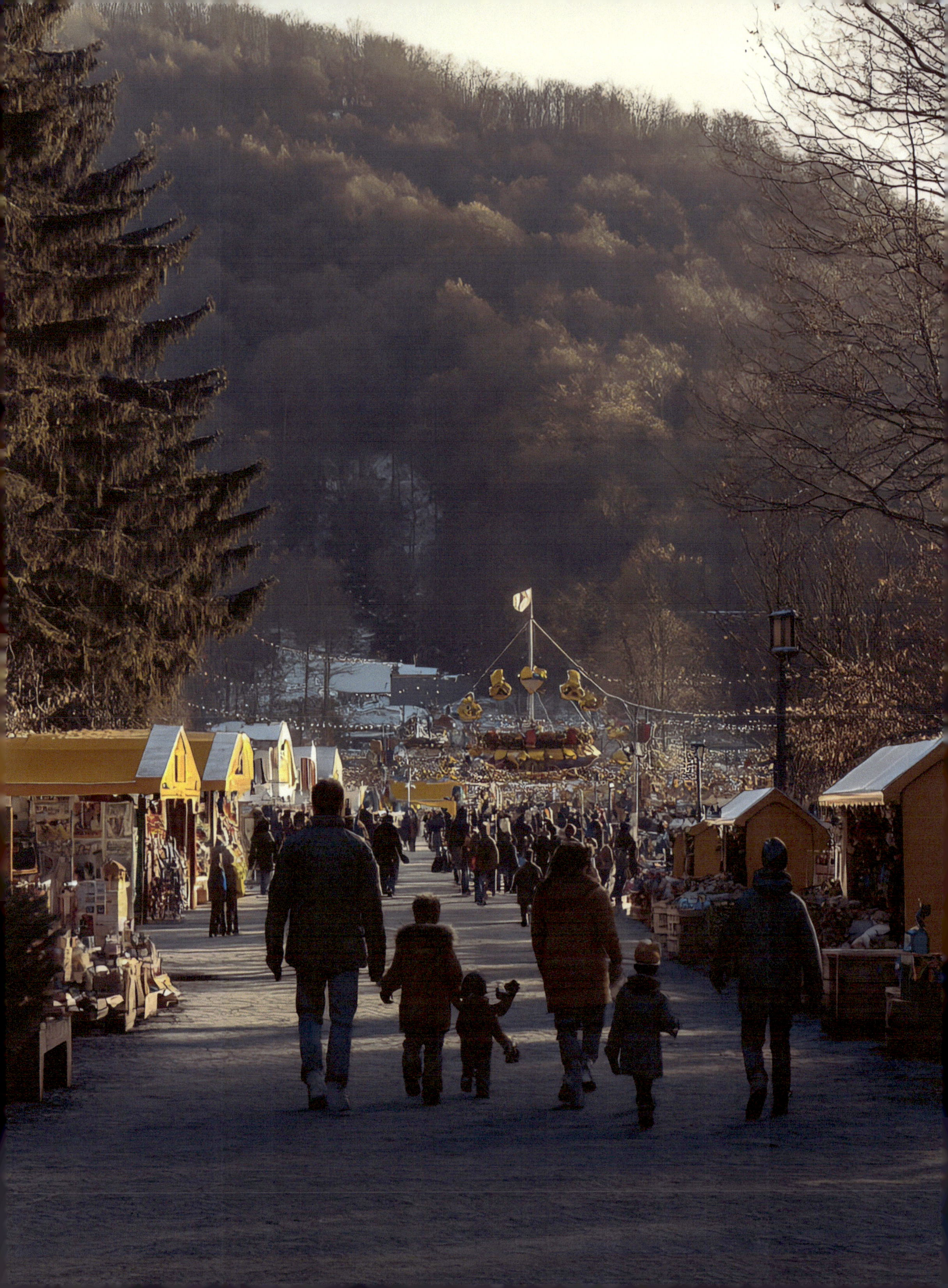

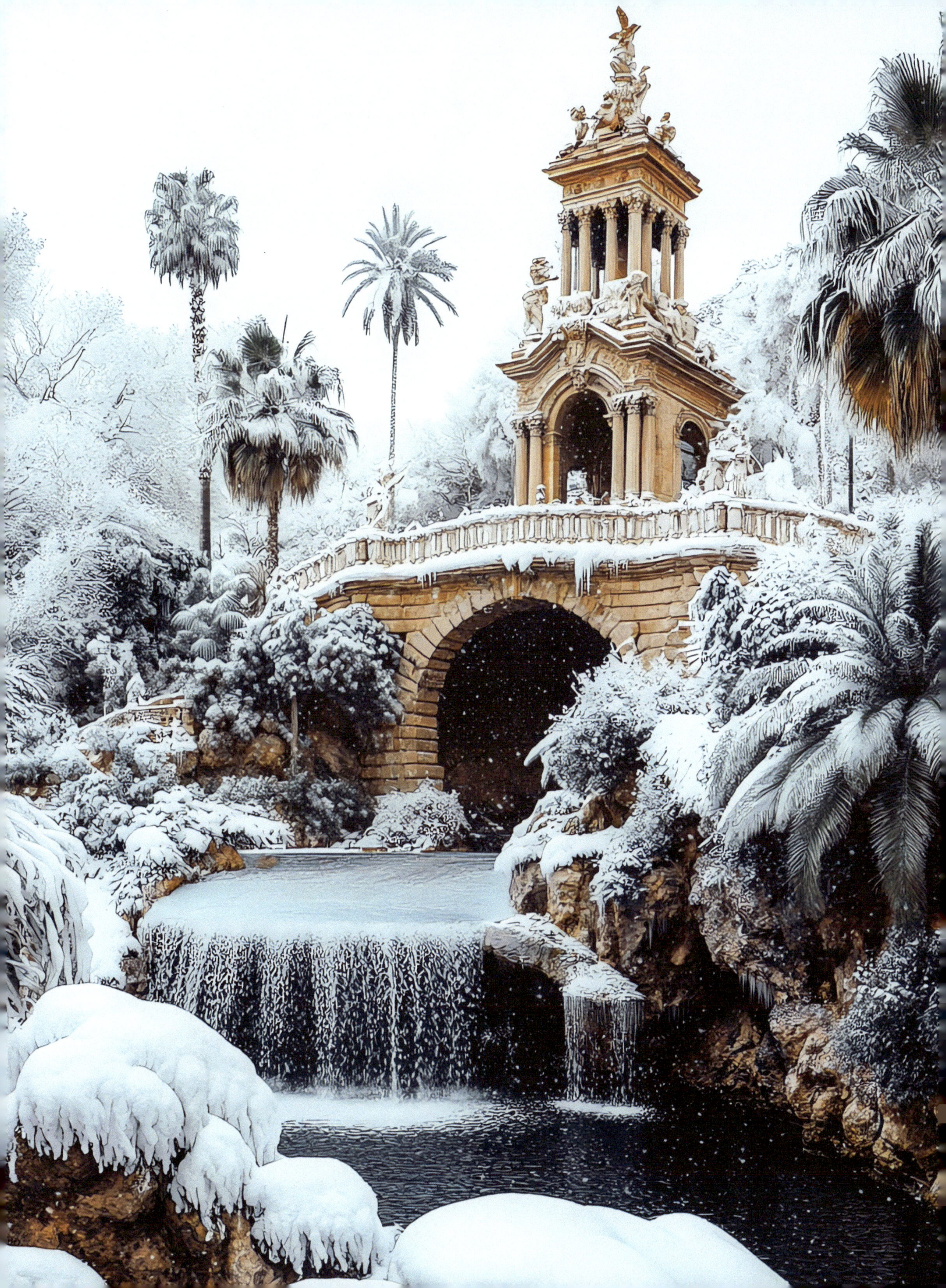

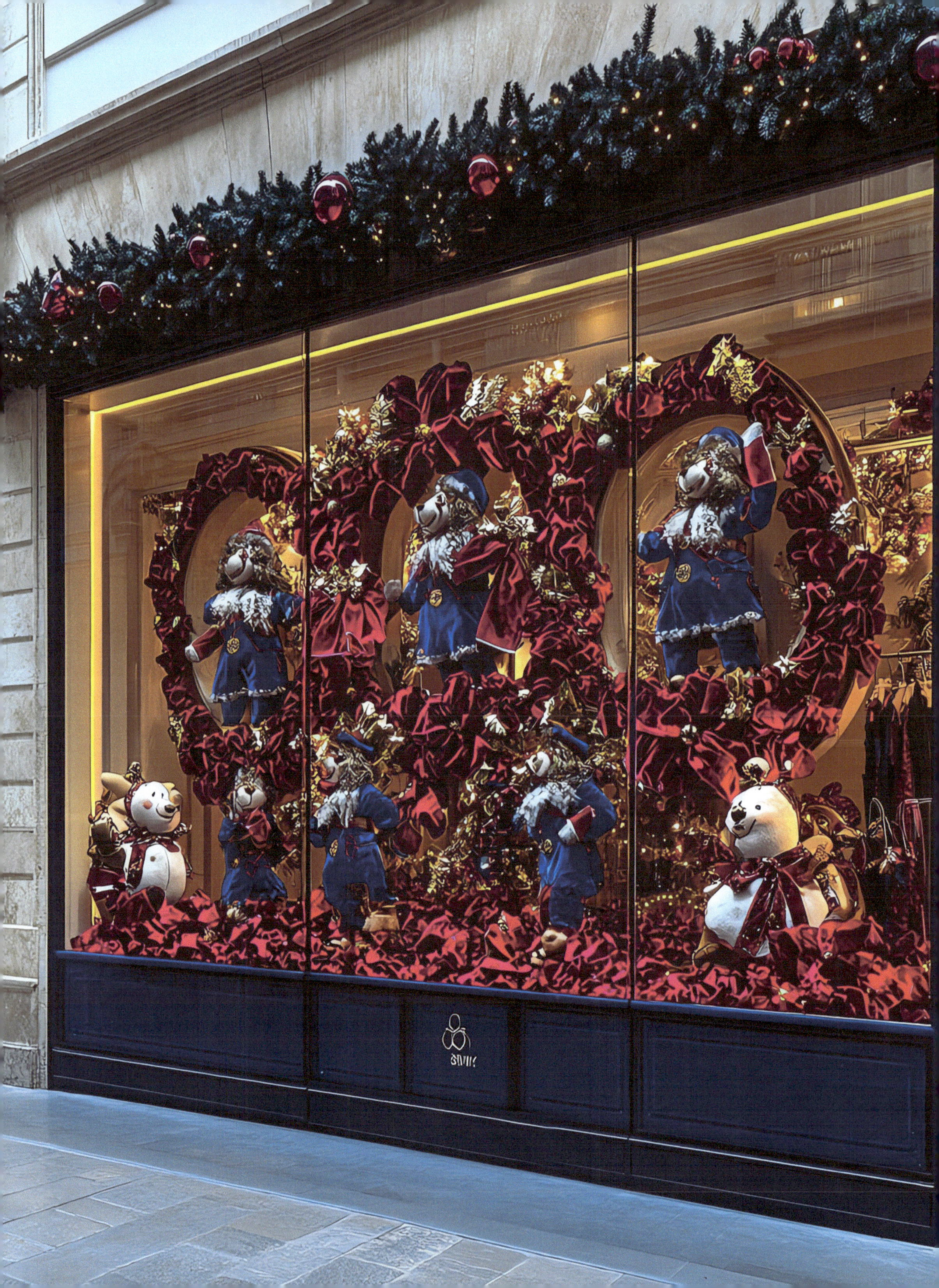

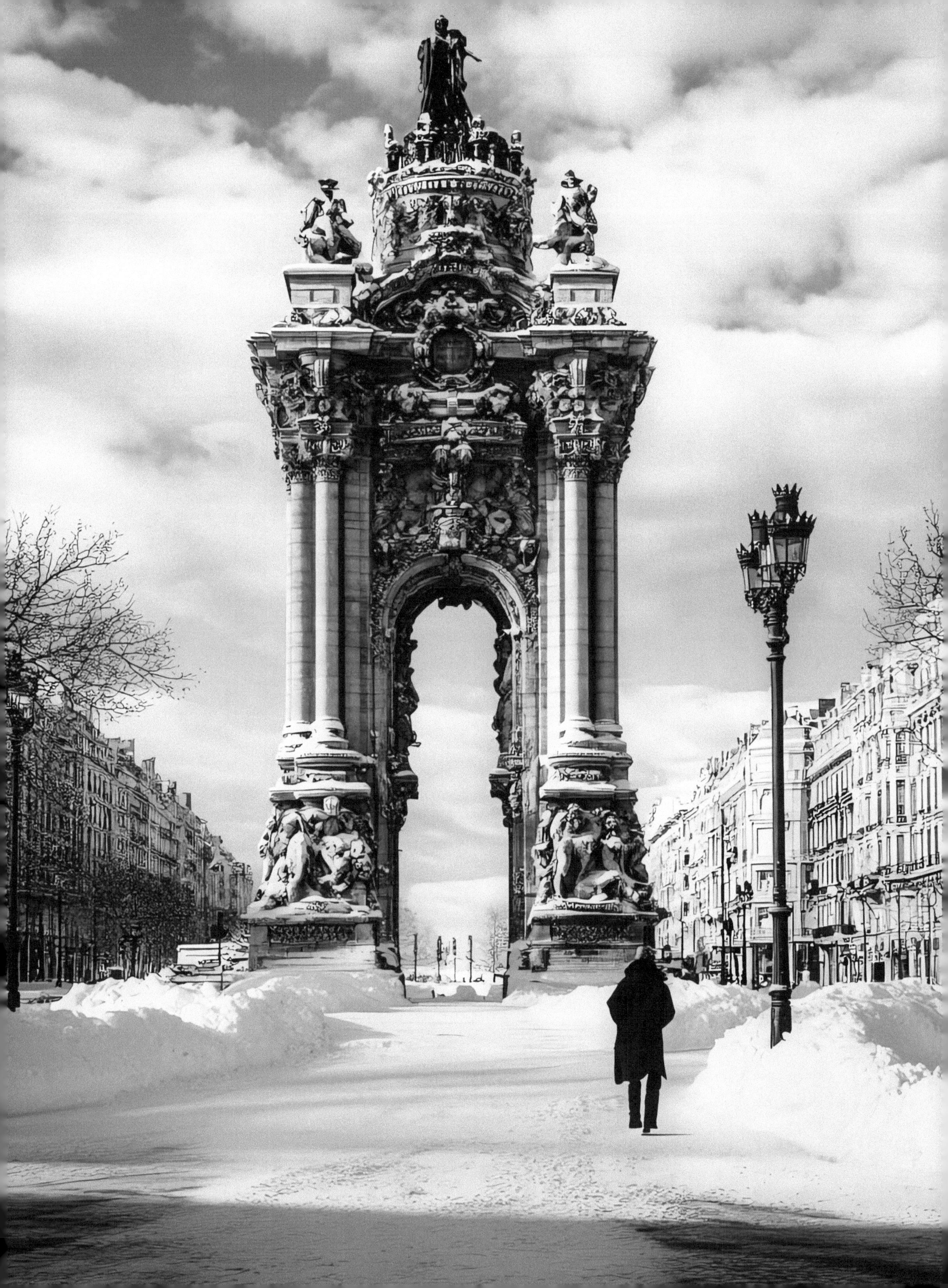

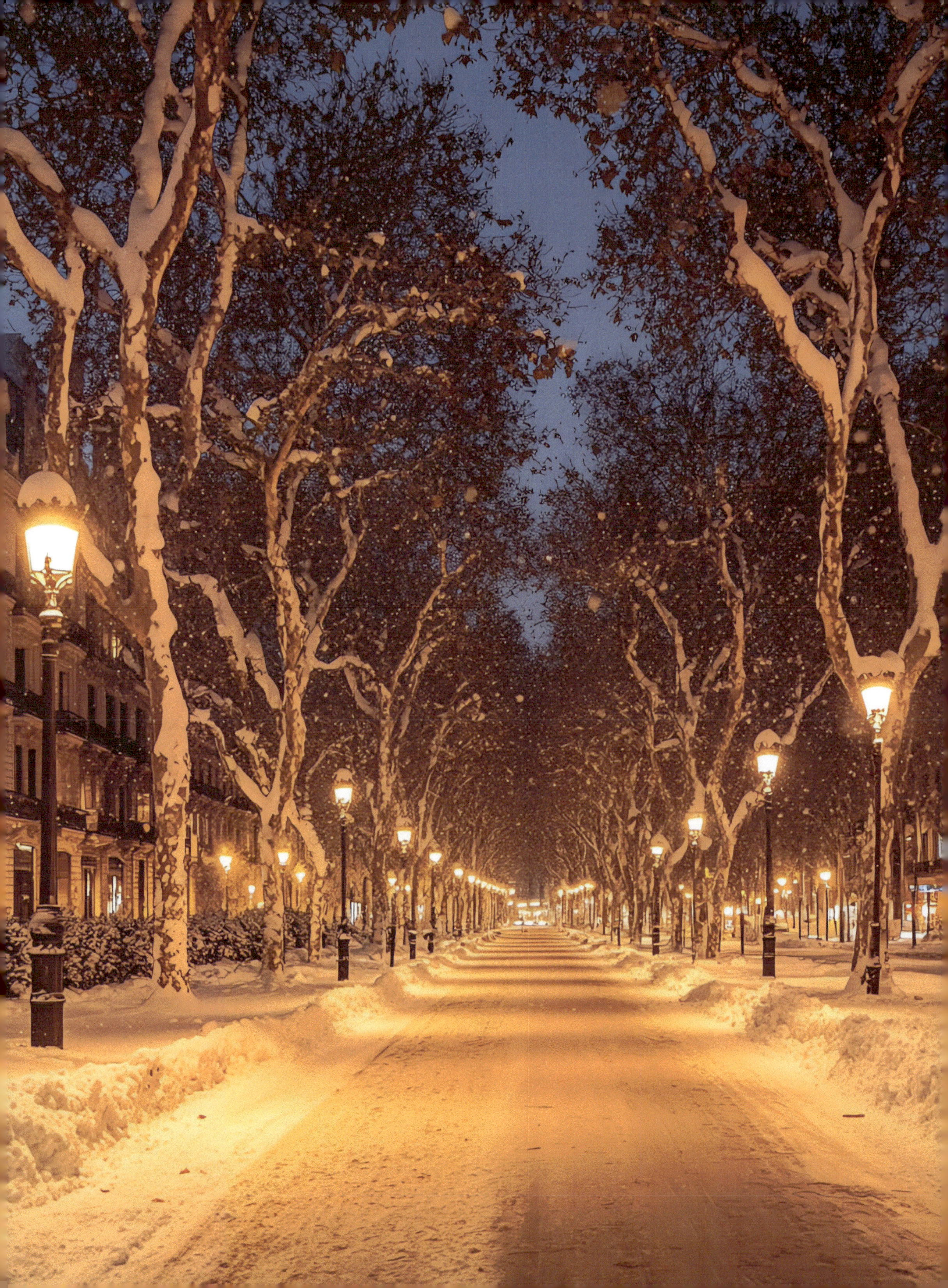

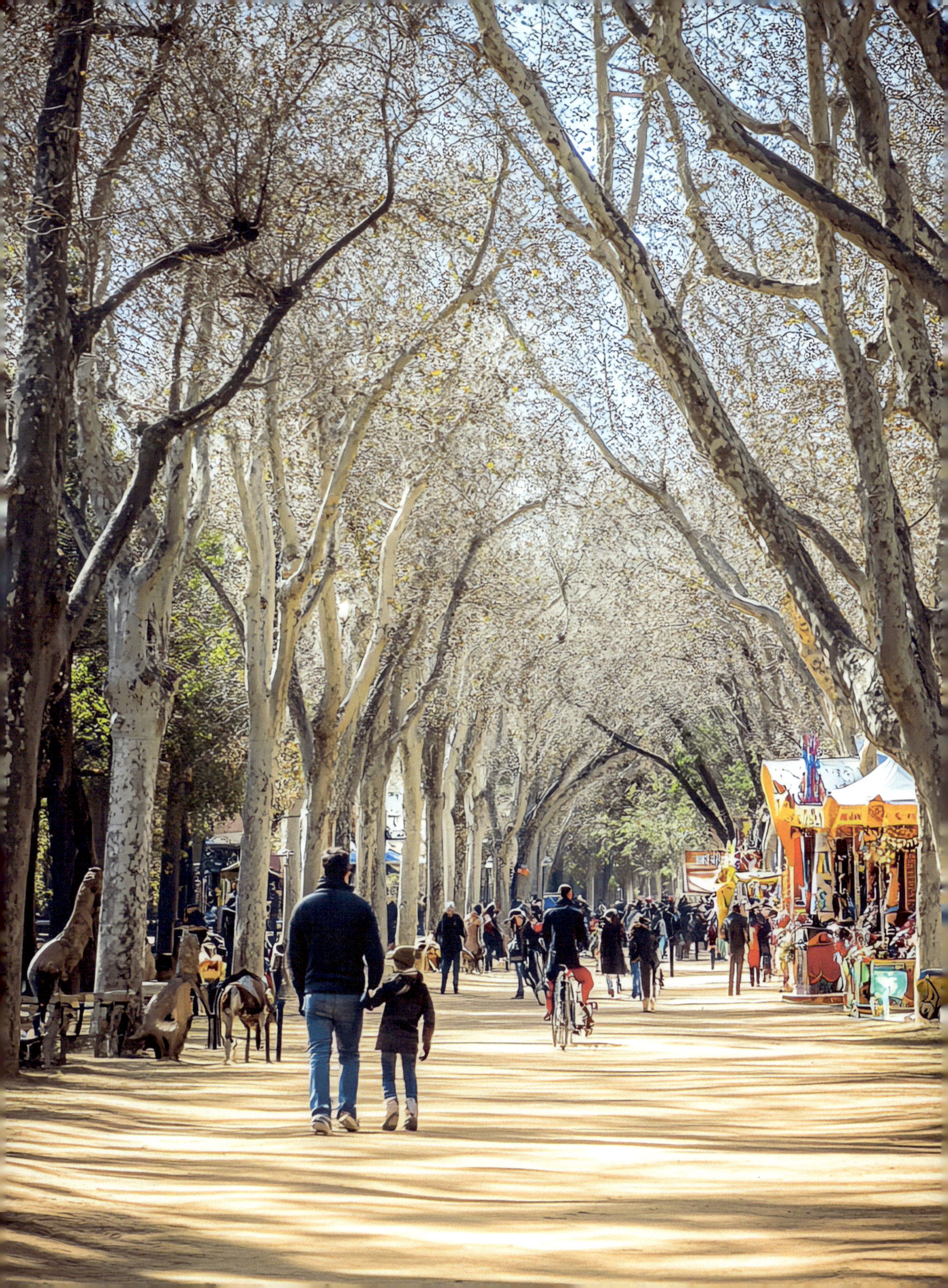

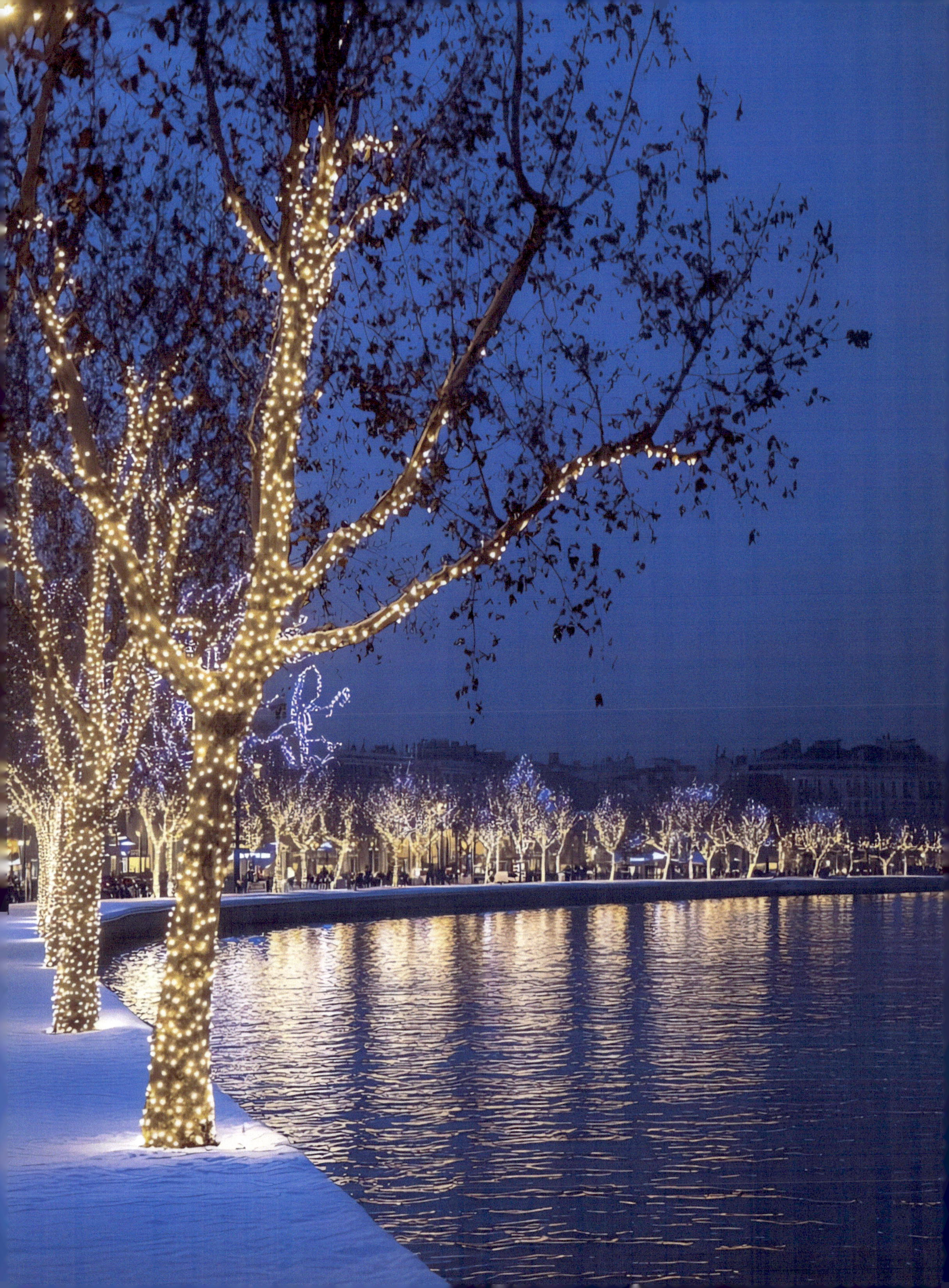

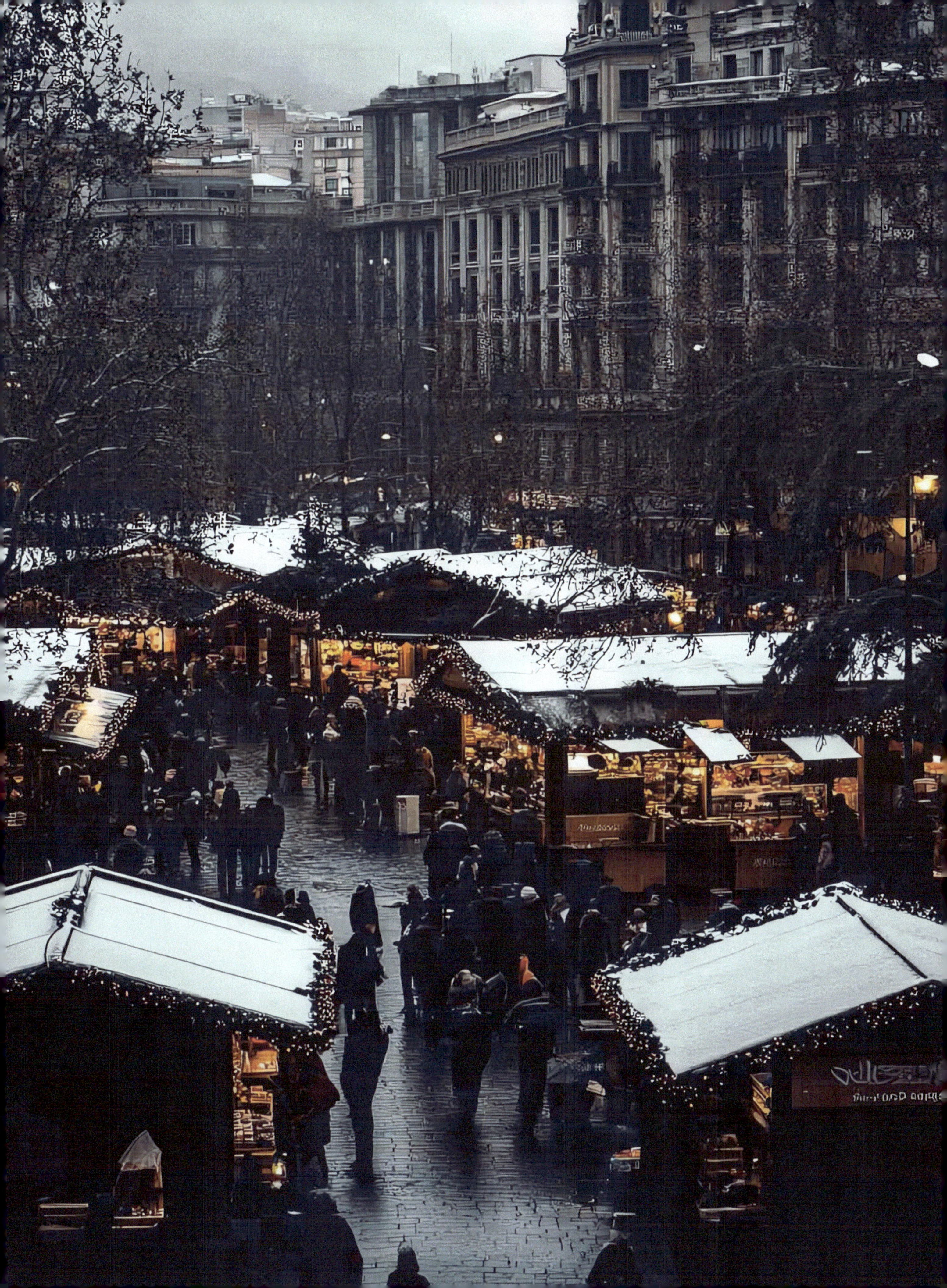

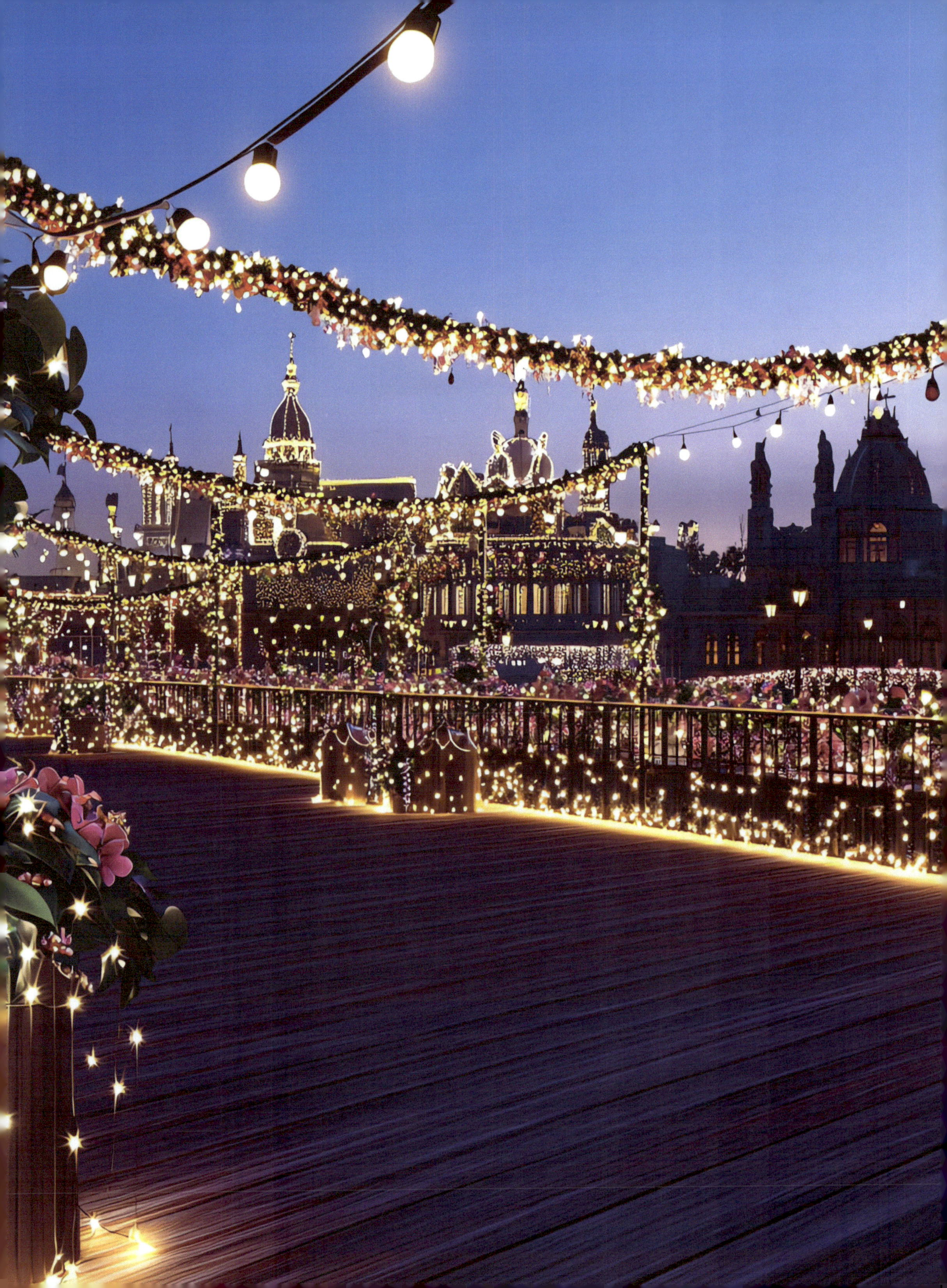

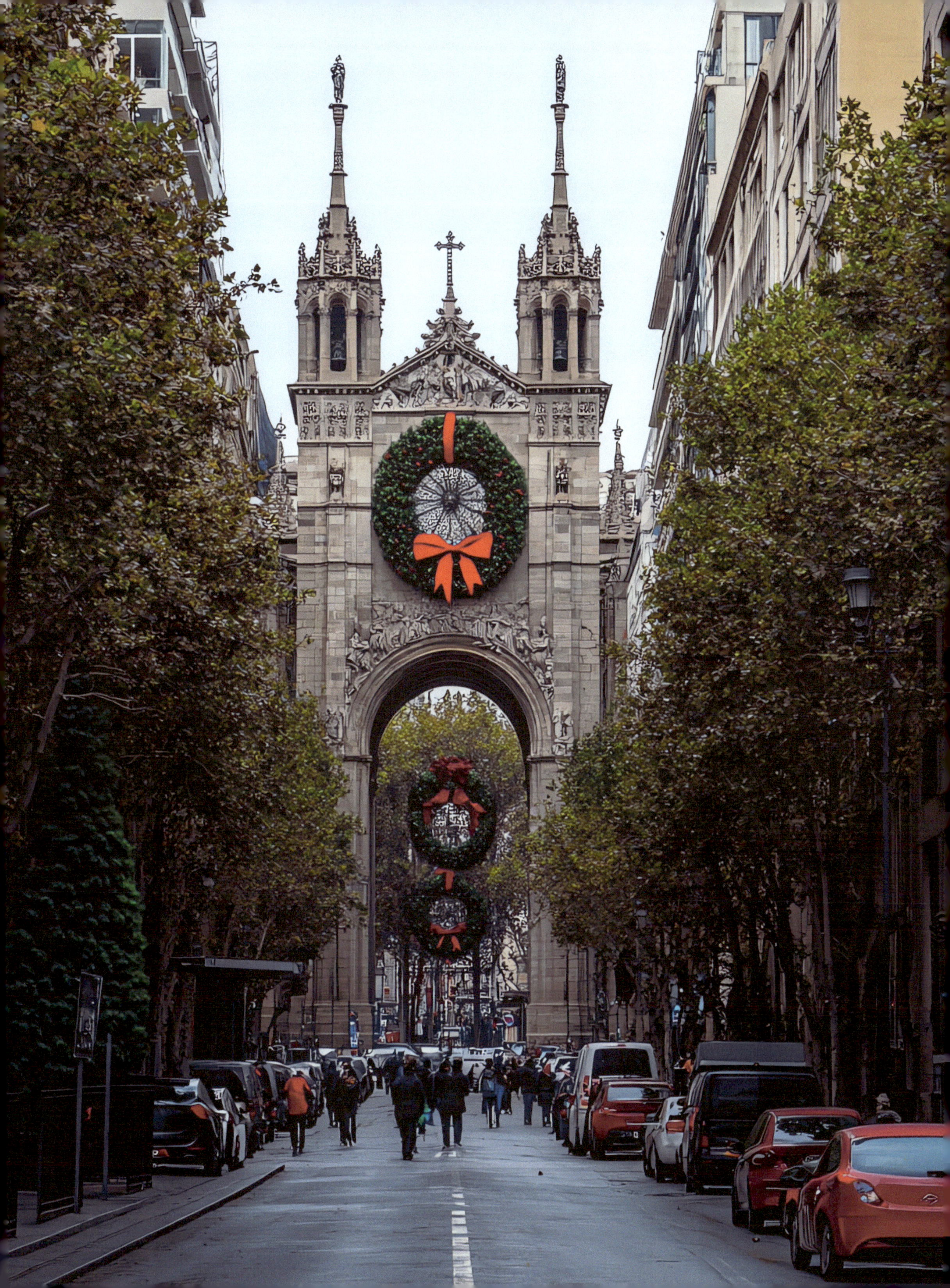

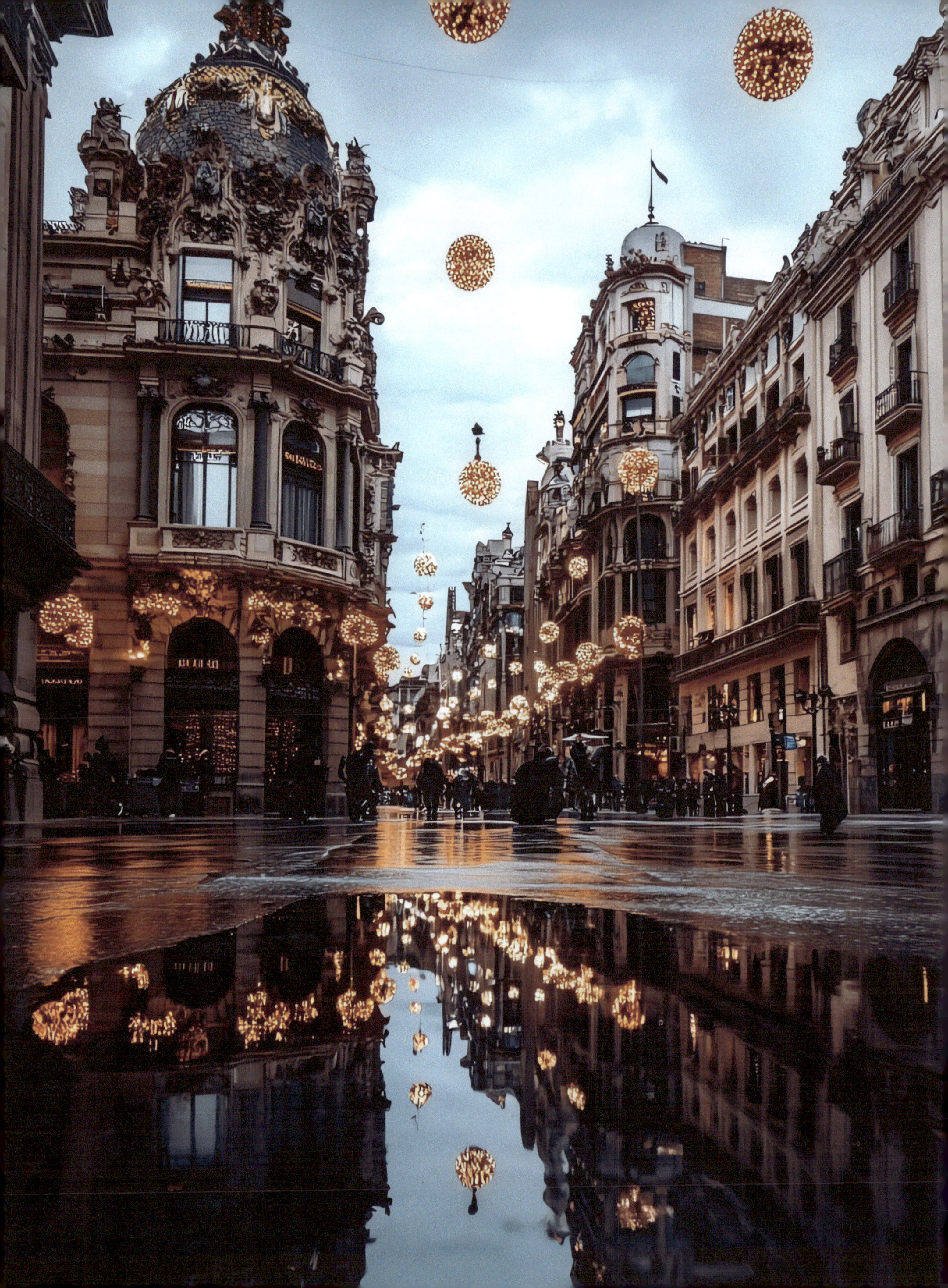

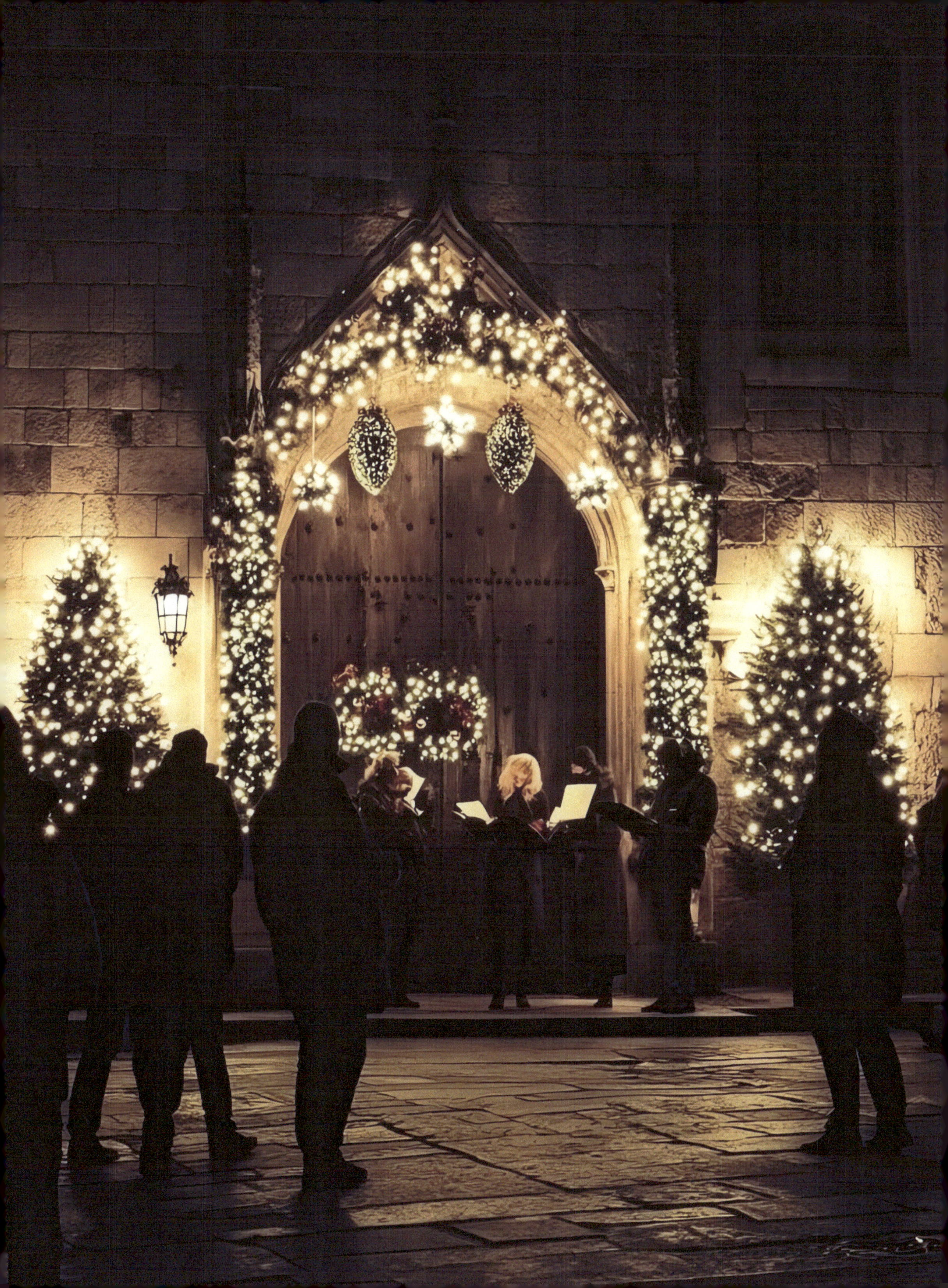

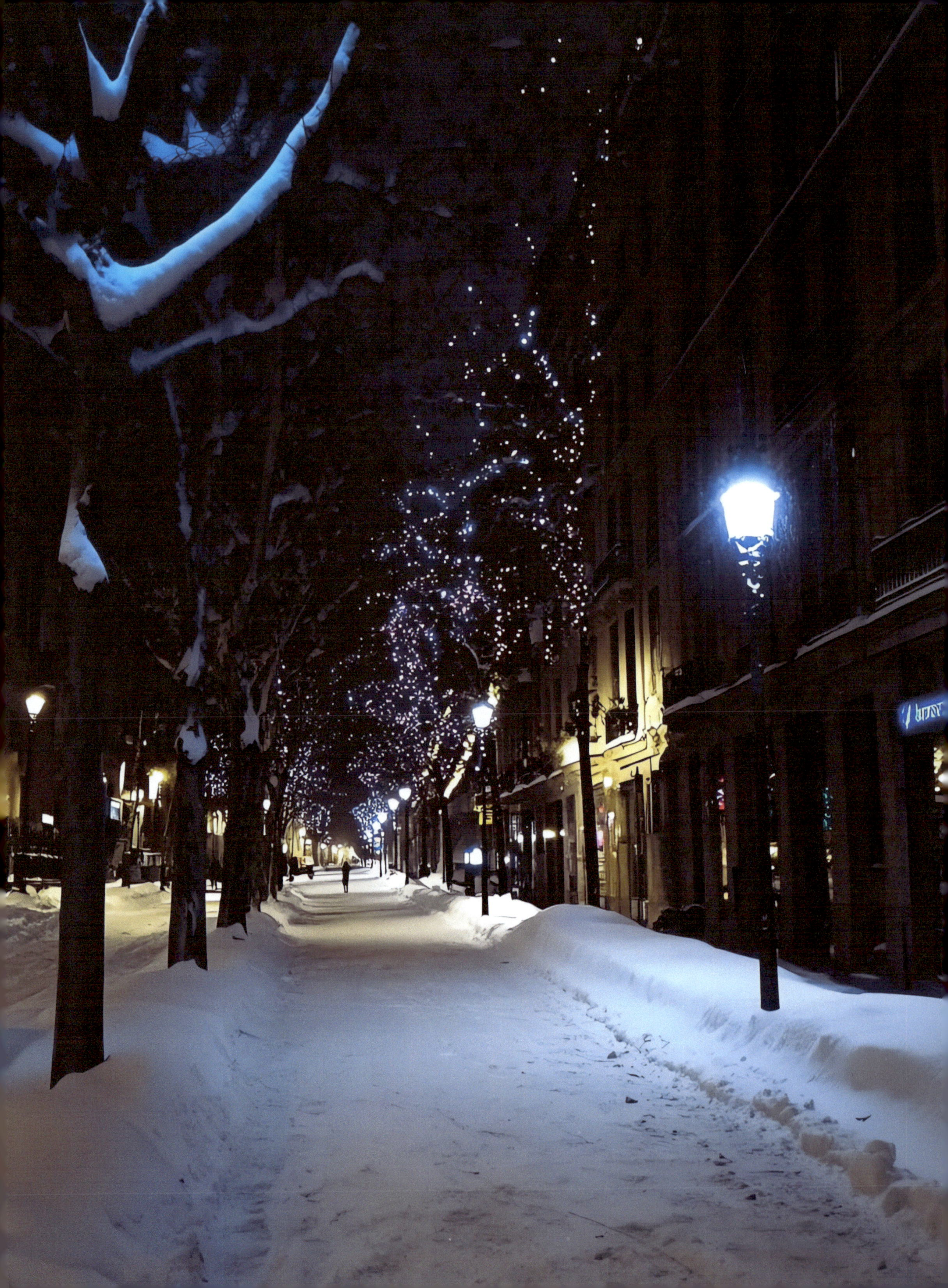

www.ingramcontent.com/pod-product-compliance
Lightning Source LLC
Chambersburg PA
CBHW040427220526
45473CB00004B/1359
* 9 7 9 8 3 0 3 2 3 1 9 2 4 *